激情的马云率领阿里巴巴打开两千亿美元市值之门

马云在阿里巴巴集团2014年纪念会上高歌

马云也有斯文的时候

马云的演讲是一绝

马云向国内外媒体阐述阿里帝国的大计

马云和马化腾、周鸿祎等聚首"西湖论剑"论坛

陆兆禧、马云与优衣库的朋友们

2006年9月9日，马云和杨致远

2014年6月5日，马云与许家印

20世纪90年代中期，在北京创业时的马云团队

豪华的阿里巴巴总部大楼

在阿里巴巴内部经常能看到各种以马云为主题的图书

# 马云：影响中国

谢残阳◉著

西南财经大学出版社
Southwestern University of Finance & Economics Press

**图书在版编目（CIP）数据**

马云：影响中国／谢残阳著. —成都：西南财经大学
出版社，2014.10
ISBN 978-7-5504-1529-4

I.①马… Ⅱ.①谢… Ⅲ.①马云—生平事迹
Ⅳ.①K825.38

中国版本图书馆CIP数据核字（2014）第184952号

马云：影响中国
MAYUN：YINGXIANG ZHONGGUO
谢残阳　著

责任编辑：王正好
助理编辑：廖术涵
特约编辑：王云强
责任印制：封俊川

| | |
|---|---|
| 出版发行 | 西南财经大学出版社（四川省成都市光华村街55号） |
| 网　　址 | http：//www.bookcj.com |
| 电子邮件 | bookcj@foxmail.com |
| 邮政编码 | 610074 |
| 电　　话 | 028-87353785　87352368 |
| 印　　刷 | 北京合众协力印刷有限公司 |
| 成品尺寸 | 165mm×230mm |
| 印　　张 | 15.5 |
| 彩　　插 | 8页 |
| 字　　数 | 180千字 |
| 版　　次 | 2014年10月第1版 |
| 印　　次 | 2014年10月第1次印刷 |
| 书　　号 | ISBN 978-7-5504-1529-4 |
| 定　　价 | 33.00元 |

# 目录 ——

# 前言：新商业文明影响中国

2014年，中国的大事一件接着一件，新一轮的改革号角已经吹响，经济结构痛苦转型、各行各业的全面调整呼之欲出。在美国上市的阿里巴巴，在马云创办以及带领的这十五年来，其催生的一系列改变正与这个时代的大趋势吻合。

早在公司成立十年之际，马云就总结了愿景——阿里巴巴要促进开放、透明、分享、有责任的新商业文明，为全世界一千万家中小企业提供生存和发展的平台，为全世界提供一亿个就业岗位，为全球十亿人提供消费平台……

实际上，马云与他的同事们，用阿里巴巴影响了外贸方式，用淘宝影响了开店卖家的习惯，用天猫影响了电商模式，用余额宝影响了金融制度，用合伙人制度影响了公司治理结构……甚至用马氏语言改变了励志成功学的档次。从这些角度来说，他确实影响了数以亿计的中国人，影响了部分中国。

淘宝网与天猫的成功，一系列的数据最有说服力：2013年，淘宝、天猫全年的交易总额为4410亿元，京东商城为1255亿元；2014年第一季度，淘宝、天猫的交易额为4300亿元，京东商城为226.57亿元；2014年第二季度，淘宝、天猫和聚划算的交易总额为5010亿元，京东商城为630亿元。

而且，电子商务业务也是马云想得最清楚的部分。他强调："我们的上帝只有一个，就是用户。我们会在平时的工作中更加完善自己的服务和功能，我们会加强倾听客户，我们会坚持以保护消费者权益、维护卖家利益为原则。我们坚信在未来的商业社会里，将没有大企业和小企业的区别，没有外资和内资的区别，没有国企和民企的区别，我们觉得只有诚信和不诚信的区别，只有开放和不开放的区别，只有承担责任和不承担责任的区别……"

"我们将全力支持那些诚信、开放和承担责任的企业。我们为我们工作中的不当、不成熟、不完善而道歉，我们保证将不断地努力、不断地创新……我们不追求最具影响力，我们追求对人类、对社会、对家庭和对自己最有贡献力！"

马云将中国带入了电子商务时代。从本质上而言，马云所做的事情就是帮助大家把地摊摆到了网上。随着电商而来的就是快递，我们用时髦的方式把快递变成了"物流"。马云总是可以把复杂的东西变得简单，同样的，也能把简单的东西变得富有诗意。

"很多人说中国不能用互联网做生意，我们就搭起了这个做生意的平台。很多人又说，中国做生意不能解决电子支付问题，我们搭起了这个付款的平台。他们还说，中国不能解决线上生意的物流问题，我们接着就解决了物流问题。"马云坦言。复杂的表述加上崭新的概念，摆在公众面前的是一个全新的商业帝国，对于马云本身来说，也许他认为自己只是解决了一个电子商务最基本的问题。可是深刻的变革就隐藏在简单的逻辑之中，不可否认的是，马云和他号召下的这群数以千万计的草根电商们正在成为影响中国商业趋势的野蛮力量。

2013年，马云让他的支付宝和基金结缘，诞生了两个中国第一：中国市场上一天之内销售最多的基金和中国市场上第一个真正大众化的互联网理财工具。这个奇迹的名字叫余额宝。余额宝的逻辑很简单：人们可以用存在支付宝中的余额购买基金，获得收益。如此简单的逻辑却演变成了一场影响中国金融界的大事。

为了推广余额宝，马云公开表态，余额宝将会拥有比银行利率更高的存款收益，更自由的资金使用权利和看起来差不多的风险程度。当然，对于中国的大多数人来说，风险只是一个相对遥远的词，反倒是存款收益和资金自由度能够更加直接地影响消费者的行为。面对这样的诱惑，有上网习惯的人们纷纷将短期闲置的资金投入到余额宝中。随之而来的是马云兑现承诺的过程。人们看到了自己余额宝中的收益在增加，于是余额宝又迎来了更多资金的涌入。

在一定时间内，市场上的资金是固定的。当更多的钱涌入余额宝，就意味着银行的存款将减少。于是金融市场上一片担忧，没有人能够完整地预测资金流动带来的影响将会有多大。不过对于银行来说，资金流出的影响也许并没有想象的那么大。一个是流出的主要是短期资金，另一个是流出的总规模对于整个存款市场来说并不算是伤筋动骨。

从理论上分析，余额宝带来的大麻烦其实是余额宝对于资本价格的影响。在市场上，资本是存在价格的，这种价格比较直观的反应就是贷款利率。如果我们把钱当做一种蔬菜，发放贷款的银行是贩卖这种蔬菜的"小贩"，那么钱的成本越高，就意味着"小贩"上货的成本越高，自然他们卖出的价格也就越高。如果我们把所有的存款者看成是种地的农民，原来银

卖出的价格也就越高。如果我们把所有的存款者看成是种地的农民，原来银行这个卖菜的"小贩"是到地里直接从存款者手中收购钱这种"蔬菜"，价格肯定很低。银行把钱拿回去，然后再卖给城里人，他就能从中加价。现在余额宝改变了这个过程。余额宝就像是一个中间商，他来到农田里跟所有的存款者说：你们种出来叫钱的这种"菜"都不要直接卖给银行那个"小贩"了，卖给我吧，我用更高的价格买下来。

于是存款者就把自己的钱都卖给了余额宝。然后余额宝把这些钱打包再卖给银行。当然，因为银行能够从存款者手中直接拿到的钱变少了，所以他们支付的价格也就更多了。他们为了捞回损失，只能把手中的钱卖得更贵。这就是余额宝带来的效应。

从 2010 年开始，阿里巴巴集团开始在管理团队内部试运行合伙人制度，每一年都会选拔新合伙人加入。马云这样介绍：合伙人，作为公司的运营者、业务的建设者、文化的传承者同时又是股东，最有可能坚持公司的使命和长期利益，为客户、员工和股东创造长期价值。有三年时间，阿里巴巴的高管们反复研讨合伙人章程，在前三批 28 位合伙人选举的过程中，对每一个候选人激烈地争论，对公司的重要决策深入讨论，积累了很多经验。

要成为阿里巴巴的合伙人，其前提条件是——"在阿里巴巴工作五年以上，具备优秀的领导能力，高度认同公司文化，并且对公司发展有积极性贡献，愿意为公司文化和使命传承竭尽全力"。我们相信只有一个热爱公司、使命驱动、坚持捍卫阿里文化的群体，才能够抗拒外部各种竞争和追求短期利益的压力。

在马云的定义之中，阿里合伙人有别于绝大部分公司现行的合伙人制度。"我们建立的不是一个利益集团，不是为了更好地控制这家公司的权力机构，而是为了建立企业内在的动力机制。这个机制将传承我们的使命、愿景和价值观，确保阿里创新不断，组织更加完善，在未来的市场中更加灵活，更有竞争力。这个机制能让我们更有能力和信心去创建我们理想中的未来。同时，我们也希望阿里巴巴合伙人制度能在公开透明的基础上，弥补目前资本市场短期逐利趋势对企业长远发展的干扰，给所有股东更好的长期回报。"

在谈到现代的公司治理，马云坚信客户第一、员工第二、股东第三。

马云认为，由创办开始到后来，阿里巴巴活下来的一个最大的理由就是：不管任何时候，他们始终坚持客户第一、员工第二、股东第三。

马云也看到，其实身边很多公司，在上市之前基本上都能坚持这三个原则——因为客户给他们钱，因为员工创造了价值，因为股东信任他们。但是上市以后，往往会颠倒过来，说股东第一。假如股东第一，你就会压力变大，因为股东不了解你的企业，90%的股东不知道你在干什么，他们是从财务报表来看你，你必须知道你自己在干什么。所以，所有的创业者必须在上市以后，仍然把自己当作普普通通的创业者，坚信服务好客户，坚信让员工成长，坚信对股东的尊重。

马云认为，股东第三不是看不起股东，而是在分配资源的过程中对股东资源的排序。但是，对股东必须透明，只要你透明、讲实话、讲清楚，他们相信会得到应有的回报。因为你做好了客户、做好了员工的工作，股东利益一定能得到保障。

在马云看来，阿里巴巴从成立第一天起就从没以追逐利润为第一目标，他们决不想把公司变成仅仅是赚钱的机器，他们一直坚守"让天下没有难做的生意"的使命！客户第一的价值观意味着他们宁愿没有增长，也决不能做损害客户利益的事，更不用提公然的欺骗。

对于公司与个人，马云也有不一样的角度：我们今天一定要问，我们做企业，做创业者，我们需要的是快乐，还是幸福感？我选择的是幸福感。那我自己觉得什么是幸福感呢？幸福感是你知道自己要做什么，做企业跟做人一样，我们一定要明白，要想清楚这几个问题，你有什么？你要什么？你愿意放弃什么？假如你什么都要，什么都希望得到，什么都不愿意放弃，你一定不会做出一个很好的企业。

有关收入，马云则强调："工资是公司支付给大家的工作报酬，奖金是你要超越公司的期望值，红包是集团对特殊年份特别事件的奖励，股票期权是公司对你未来贡献的期待。所以，除工资外，其他都是要我们团队一起通过艰辛的努力争取来的。"

这是一个好时代，这是一个谁都不愿错过的时代！坚持理想，坚持原则能让我们成为这个时代中的时代！

If not now? when? （如果不是现在，更待何时？）

If not me? who? （如果不是我，是谁？）

此时此刻，非我莫属。

马云是这样想，这样说，也这样做了。现在，让我们进入这本书的正文，感受与见证马云如何影响自己、影响商业与影响中国。

# 第一章

## 穿梭在美国梦和中国梦之间的马云

世界上有两种伟大的商人，一种是可以把别人做得很好的事情做得更好，还有一种是可以把别人从来没做过的事做好。

马云和乔布斯是两个完全不相同的商人，一个将科技带给了普通人，另一个则将商业带入了电子时代。也许他们从事的是完全不同的事情，但是他们却在同一个时代让人们目瞪口呆。

21世纪，互联网对世界的改变越来越大，互联网技术的发展让科技和商业都有了新的发展。乔布斯比马云创业的时间更早，但他们所从事的工作，都是和互联网密切相关的，是改变人们生活习惯的伟大创举。

乔布斯和他的苹果的伟大意义在于将触摸屏应用于智能手机，让手机摆脱了传统的键盘，同时也变得更加时尚。人们通过小小的手机屏幕就可以连接复杂的互联网。同样，通过这个小小的屏幕，人们还可以享受到无数的新潮应用。

而马云从事的是另一个领域的工作。他在人们还不了解互联网是什么的时候开始了对电子商务的探索。随着事业的开展，他不断地开拓着电子商务的B2B（企业对企业之间的营销关系）、C2C（个人与个人之间的营销关系）模式下的商业。

伟大的创举似乎都围绕着艰辛的历程，无论多么伟大的商人，都要经历过一段艰难的创业之旅。很难说究竟是逆境的逼迫让一个人产生了创业的冲动，还是创业的过程中自然而然地产生了多种多样的问题。似乎每一个成功者回忆自己的过去时，总会带出一段不如意的经历。

偶然中有着必然，必然中伴随着偶然。当我们今天听着众多关于马云和阿里巴巴的成功故事的时候，似乎很难想象在还没有发展出今天这样便捷的电子商务之前，马云都干过什么。

作为一个有为教师，20世纪90年代，马云也学着大家的模样下海经商。当年在西湖边当免费导游的经历让马云拥有极高的英语水平。借着这个在当时还非常稀罕的能力，马云成功创办了自己的翻译社。很快，他就成了当地的知名人士。

1995年是马云乃至中国互联网行业的一个重大年份。这一年，马云代表杭州市政府踏上了前往美国的征程。马云的这次旅程并不成功，他没能完成杭州市政府的任务，可是这次旅程却让马云第一次接触到了互联网，这比中国普通人应用互联网的时间还早，而这次的意外经历开启了马云的互联网人生。

这也许就叫做意外的巧合吧。

# 第一节　相聚在斯坦福大学的讲堂

2005年，乔布斯在斯坦福的大学堂上讲述了一个关于退学的故事，而6年后，马云也走上了这个讲台，讲述了一个"咸鱼翻身"的故事。命运也许早已注定，一所大学让两个颇有点风马牛不相及的人有了一点交集。

## 独具特色的高等学府——斯坦福大学

斯坦福大学是21世纪最成功的学校之一。1885年，卸任的加州州长老利兰·斯坦福在自己的赛马育种场创办了斯坦福大学。可能是这块土地独有的赛马印记，后来每一名来到斯坦福的学生都被贴上了个性、豪放、具有创造力的标签。他们如同一匹匹小马驹，来到这里的时候还充满天真，可是经历了4年的训练和培养之后，他们真的像脱缰的野马。

从1885年算起，斯坦福已经有将近130年的历史，可是斯坦福真正的生命其实应该从1959年算起。在那一年，斯坦福工程学院的院长弗雷德里克·特曼提出了一个改变斯坦福甚至改变美国的计划：把斯坦福约66.7万平方米的土地变成工业园，以极低的地租长期租给工商界和斯坦福毕业的校友，代价是他们必须给斯坦福提供科研项目和学生实习机会。

这是斯坦福命运的转折点，这个创举非常契合斯坦福那些"野马"学生的胃口。斯坦福崇尚个性化的教学，在4年"散养"之后，斯坦福的学生很难融入公司的"圈养"环境，他们更加渴望创业。很短的时间里，斯坦福提供的约66.7万平方米的土地就已经无法承载那么多的创业梦想了。于是，毗邻斯坦福的一小块土地就变成了新的"养马场"，它就是硅谷。

创业加梦想，这成了斯坦福鲜明的个性，而除了这个鲜明的特点之外，斯坦福的另外一个鲜明特点就是学费贵。

乔布斯在他那次著名的斯坦福毕业典礼上的演讲中，没有提到斯坦福和硅谷，而是讲述了自己非常错误地选择了一所"像斯坦福一样贵"的学校。"像斯坦福一样贵"，这究竟算是什么评价呢？

2013年8月，美国总统奥巴马在纽约州立大学布法罗分校发表演讲，表达了自己对于大学价值的认识。他认为有的学校学生的贷款违约率比毕业率还高，很多学生在高昂的学费面前止步。纳税人的钱没有得到有效利用。因此，奥巴马认为大学不应再以拥有最好的老师和硬件设施来排名，而该按照大学创造的价值来衡量。

这也许表达了美国人民自身对于收费昂贵的大学的反思，虽然这些大学在某些方面代表了美国的最高教育水平，但是另一方面也表达了美国人对如此昂贵的教育费用是否值得的思考。

不过即便如此，即使斯坦福大学是美国最昂贵的大学之一，可是依然阻挡不了这所学校雄踞2013年美国大学排行榜前列的现实，这是因为斯坦福大学除了昂贵的学费，其本身也很"多金"。它是全美国校园面积最大的学校之一，校园总资产位于世界前列，同样，它创造的亿万富翁的数量在美国高校中位列第二，仅次于哈佛大学。

如果单纯按照学费的多寡来算，斯坦福绝对算得上是奢侈的学校，可是按照学费与产出比来说，这个学校又是一个绝对物有所值的学校。更重要的是，谁从斯坦福的校门走出，谁就拥有了跻身世界上最先进科技公司的资格，拥有了成为世界上真正依靠技术而成为富翁的权利。

这也就难怪，乔布斯和马云要来这个多金的学校演讲，不知道除了那些冠冕堂皇的理由，诸如斯坦福大学是"世界互联网发展的中心"、"成功企业家的摇篮"之外，他们的心里是不是也有一种"咸鱼翻身"之后的感觉。

当然，作为两位大师级的"忽悠专家"，斯坦福的另一项优势可能也是吸引他们的原因，甚至在某种程度上，斯坦福的演讲是他们的一种考试。

斯坦福的教学理念比较独特，学生除了学习自己的专业课程之外，还必修艺术、人文、应用技术等课程，而最让人称奇的是斯坦福要求学生必须达到一定的写作和演讲能力。换句话说，在马云和乔布斯登上斯坦福的讲台的时候，台下坐着的都是经过专业训练的"忽悠人才"，只有真正通过他们的认可，才算是名副其实的"忽悠大师"。

当然，这两个人多年"忽悠"的本领并没有让他们在斯坦福这个阶段性考核上失败，他们的演讲总是能获得掌声——虽然很难真正理解那是出于礼貌还是真心实意。同样的，他们选择的话题也都颇有勇气，比如乔布斯在学生的毕业典礼上鼓励大家退学，马云则在"自由之风永远吹拂"的斯坦福大谈"把美国梦带回美国"。

不过笔者觉得，如果单纯比较勇气，马云似乎更胜于乔布斯。如果说乔布斯让斯坦福的学生打破了对于学习的看法，那么马云就是在尝试让美国人打破对自己的价值观的看法。

"很多年前，我把富于美国精神的美国梦带回中国去创业，今天，我把梦想重新带回美国。"[①]

马云这样认识自己，从他的创业历程来看，"将富于美国精神的美国梦带回中国"可以算是实事求是，至少马云当年充满波折的美国之行和永不言弃的精神都是美国精神最好的注脚。


## 难得的首次美国之旅


马云的求学经历并不顺利，甚至可以用惨淡来形容，但是马云的英语水平非常高，这和他的西湖导游经历很有关系。当年学习成绩不佳的马云喜欢到西湖边给外国人当免费导游，介绍西湖美景，而那段经历全面锻炼了马云的英语技能，这也为他后来创办翻译社甚至互联网公司奠定了重要的基础。

早在20世纪90年代，马云创办的翻译社就已经在杭州地区远近闻名，而这也让他有机会接触很多很潮、很伟大的项目。

1995年，杭州市政府和一家美国公司合作建设了一条由杭州通往安徽阜阳的高速公路。这条公路的建设模式是当时中国在缺少资金的情况下，发展公用基础设施的一种非常流行的模式——BOT

---

① 伊磊. 马云：我把梦想带回美国 [N]. 长江商报，2009-03-14.

模式。

BOT是三个英文单词的缩写，B代表建设（Build），O代表经营（Operate），T代表移交（Transfer）。中国也将这种模式称为"特许经营"。也就是说用私人资本投资一项公用事业，在一定的时间段里，投资人可以从这个项目中获利。当特许经营时间结束后，项目将恢复公用属性。

这实际上就是中国高速公路收费的由来。当年，中国地方政府缺少足够的资金开启大规模的公路基础设施建设，于是通过这种方式向社会募集资金，于是我们就见到了一座座收费站。

1995年，杭州这条高速公路建设也是采取了这种模式。美国公司投资修路，杭州市政府许诺给他们20年的公路收费权。这本来在当时是一件很平常的合作，不过美国人却给这个合作增添了麻烦。可能连马云自己都没有想到，美国人制造的这个麻烦竟然让自己有机会第一次踏上美国的国土。

为了更好地利用美国人的资金，杭州市政府与美国公司在签署合同的时候约定全部工程款项——包括建设、人工、材料等全部由美方支付，中方只是对施工进度和质量进行监管。可是在工程结束时，美国公司却拒绝支付雇佣的一千余名民工的工资。

为了帮工人要回这些工资，杭州市政府和美国公司展开了长时间的谈判，为了保证谈判质量，他们还雇佣了当时在杭州已经小有名气的马云作为翻译。

将近20年的时间过去了，马云每谈到这个项目的时候都还是只会说"那是特别复杂的一个故事"。

据说马云当年介入这起合作的时候，美国公司在中国的谈判代表一直强调，其在香港的上司认定是合同存在问题。为此，马云还专门去了一趟香港，可是谈判依然没有结果，这次香港的美国人说问题出在美国总部，而且对合同的解释与前期有极大的不同，变化之大甚至影响到整个合作。

为了彻底解决美国公司与杭州市政府关于公路合同的纠纷问题，杭州市政府委派马云前往美国。

于是，马云踏上了自己人生中的第一个美国之旅，也第一次接触到美国梦，只是他不知道，这次的这个美国梦，竟然会是一场"噩梦"。

# 第二节  躲在噩梦背后

世界各国的商业领袖都有自己的梦想，如果他们的梦里都有一个推动社会的商业理想，那么当所有这些商业领袖的梦实现的时候，时代必然进步，业态必然发展。

不过并不是所有的梦境都充满了浪漫和温馨，梦境中当然也会出现洪水猛兽。可以肯定的是，1995年，对于第一次踏上美国国土的马云来说，美国这个梦境确实算不上温馨。

1995年，对于中国互联网来说是一个大日子，因为这一年"第一家上网的中国公司"在西雅图诞生。同时，这一年也是中国电商奇迹的元年，而这一切都和马云的美国之行有关。

## 首次旅美的不堪遭遇

来到美国，对方公司的代表表现出了超出马云预期的热情。他们不仅安排了后面的谈判议程，还帮马云订好了酒店，更让人意想不到的是，在马云全部行程开始前，他们甚至还给马云安排了一趟拉斯维加斯之旅。

拉斯维加斯是一个神奇的地方，这里到处都是发财的机会，遍地的赌场和奢华的酒店让人印象深刻。与马云同行的美方代表变成了"美国友人"，其不仅卖力地介绍拉斯维加斯的奢华生活，还极力劝说马云在这里试试自己的手气。

作为杭州政府特使的马云自然没有多少心情享受这里的奢华，更没有什么钱去"试手气"。不过禁不住"美国友人"的劝说，马云拿了25美分在一台老虎机上下了注，没想到一下赚了600美元。这让同行的"美国友人"吃惊不小，甚至有些不悦。马云当时并没有理解美国人脸上复杂的表情，直到后来真正进行谈判的时候，他才知道美国人安排这趟拉斯维加斯之旅的目的。

看到马云赚了钱，"美国友人"更加热情地劝说马云试试拉斯维加斯的各种赌场，不过，连夜的空中旅行加上时差让马云无暇在拉斯维加斯久留，他只是希望快点回到酒店休息，准备后面的谈判。

"美国友人"看到劝说无望，也就只能将马云带回了酒店。直到这时，马云还没有意识到自己将会面临的是什么样的艰苦谈判，这种谈判的难度甚至已经超越了语言和技术本身。

休息了一夜以后，马云开始要求美方代表按照事先安排进行谈判。可是美国人总是找各种理由拖延谈判的时间。即使个别几次的谈判，美国人也都是避重就轻。渐渐地，马云感到了美国人似乎对这次谈判缺乏诚意。经过几次毫无进展的接触之后，马云向美方提出返回中国。

可是这次的"美国友人"却表现出了极高的效率，马上安排马云和自己的老板见面，不过见面的内容并不是马云期待的合同问题，而是"合作"。

"我们一起合作从中国政府手中赚钱，按照我们的要求搞定合同，我们给你10万美元的年薪。"10万美元的年薪即使对于今天的大多数人来说也不是个小数目，其诱惑力自然不小。

不过，马云已经意识到美方缺乏诚意，便拒绝了美国人开出的条件。他对美国人说既然合同的问题解决不了，他希望能马上启程回国，向杭州市政府汇报这次美国之行的情况。看到利诱马云没有成功，美国人则立即表现出了"友好"的一面，他们"诚恳"地邀请马云在美国"多玩几天"，并且把他带回了酒店。

直到这时，马云才明白自己是被美国人"软禁"了。而那场惊心设计的拉斯维加斯之旅也并不是一场单纯的体会美国风光的旅行，而是美国人精心设计的要让自己花光口袋里的钱的陷阱。如果当时马云没有赢钱而是输光了自己手里的钱，或者赢了600美元之后无节制地继续赌下去，可能脱身都没有那么容易。

不过即使拉斯维加斯之旅没有让美国人如愿以偿地榨干马云手中的钱，马云还是被美国人"客气"地软禁在了酒店里。虽然没有电影的惊心动魄，但是一个人身在异乡的那种窘迫也让马云觉得难以忍受。除了每天在酒店里"赋闲"，马云的娱乐就只有广播和电视。这段经历是马云人生中少有的几段艰辛的历程之一。虽然酒店的设施与后来马云再次创业时的条件比起来要好得多，但是那种精神上的压力和对未知的恐惧是不能相比的，更重要的是这段时间毫无意义的等待让马云有一种消耗生命的感觉。

"发生了很多奇怪的事情。"[①] 这是马云对这段生活的一种描述。

为了尽快摆脱美国人的控制，马云对美国人说："如果你希望我

————————

① 金错刀. 马云管理日志［M］. 北京：中信出版社，2009.

回去跟你合作的话，光靠做这个（从中国政府手中骗钱）不行，我们应该投资一些其他的事。"① 然后就对美国人讲起了互联网。

当时的互联网在美国也算是一个比较新奇的东西，而马云则是在一年前（1994年）第一次听到了这个名字。

当时，为了摆脱美国人的纠缠，马云开始和这些打算"用10万美元年薪换取合作诈骗中国政府"的美国人谈怎么合作互联网。老外似乎并没听懂互联网是什么，但是看到马云同意与自己合作，还是很高兴，并且同意马云走出旅馆去转一转。马云利用这个机会，带上从拉斯维加斯赚来的600美元，连行李都没有拿，就仓皇地逃到了机场。

接下来，马云和杭州市政府电话汇报情况后，便购买了前往西雅图的机票，准备在那里返回中国。

马云的一段噩梦结束了，当他来到西雅图的时候，当回家的航班近在咫尺的时候，马云可能还没有想到，自己和互联网的羁绊竟然如此之深，深到在他准备逃离美国的时候竟然还会发生一件让他与互联网结缘的事情。而这件事可能算得上是一个真正的"美国梦"，一个实现理想的梦。

一个成功的企业家永远都充满了不可思议的运气，这种运气可以将坏事变为好事。所以对于一个伟大的企业家来说，不管是什么梦，只要有梦，就说明有希望和未来，即使是噩梦，也能从中看到光明。1995年，马云带着对美国的朦胧认识踏上了美国国土，却没想到遇到一次"软禁"自己的"美国噩梦"。可是当马云离开美国的时候，一颗种子已经在他的心里发芽，不知道这个新的梦境应该被称作"美国梦"还是马云的中国梦，总之，一个崭新的商业模型将和这个梦一起成长。

---

① 金错刀. 马云管理日志［M］. 北京：中信出版社，2009.

# 第三节　触电西雅图

匆匆从美国人手中逃脱的马云在美国举目无亲，自然想到了当年自己在杭州电子工业学院时期的同事兼好友比尔。

## 马云的互联网领路人——比尔

马云和比尔的相识，是这样的：1994年圣诞节后，马云在杭州电子工业学院遇到了一个叫做比尔的美国同事，他是学校的外教。通过这次相遇，这个来自美国的互联网爱好者比尔让马云知道了什么是互联网。

虽然那个时候全世界对互联网还比较陌生，但是比尔却是互联网的疯狂爱好者。

这是马云第一次听到这个词：Internet（互联网）。在当时的中国，Internet这个词还没有正式的翻译。实际上，中国接受互联网的速度可能更慢，即使到一年后马云创办"中国黄页"的时候，中国都没有对Internet的权威翻译。

当时互联网不仅在中国，即使在全世界都是一个新鲜事物。比尔虽然来自互联网的故乡美国，并且对互联网充满了好奇与爱好，但是真正谈起什么是互联网以及互联网能带来什么时却也是一头雾水。

一个不算很懂互联网的比尔，给一个完全没听说过互联网的马云讲一个当时连中国科学院都才刚刚开始接触的互联网。但是这丝毫不减互联网对当时的马云的吸引。他不仅记住了互联网这个词，甚至在思考怎么让这个新技术变成可以赚钱的项目。

比尔来自美国西雅图。西雅图虽然和后来大名鼎鼎的硅谷相比还算不上技术先锋城市，但是这里有着良好的创新环境和人才基础。受到波音公司的影响，那些有利于提高工业生产、商业经营的先进技术都能够比较快地在西雅图得到应用。对新技术的好奇成了西雅图人的一部分。比尔也是这样，当时互联网概念出现的时间还比较短，但是比尔已经成了一个互联网的"发烧友"。虽然还达不到专业人士的技术水平，但是对于互联网概念等比尔还是有所了解的。

当时的中国还没有接受互联网的概念，即使在世界上，互联网也远没有进入平常人们的词汇范畴。好在马云的英语水平也并不差，虽然是第一次听到了Internet这个时髦的词汇，但是在比尔绘声绘色的描述中，马云还是大概理解了这个词的含义，并且了解了一个混沌的概念。不过在当时，两个人都没有意识到这次谈话将对马云甚至整个中国互联网世界带来多么巨大的影响。

1995年，当马云作为杭州市政府的谈判代表来到美国的时候，那个曾经和马云一起畅谈互联网的比尔也已经回到了自己西雅图的家乡。当马云在美国孤单无助的时候，这个好朋友为马云提供了最大的帮助，同时还给马云带来了一个意想不到的收获。

当马云匆匆从西雅图的航站楼走出来的时候，他的好朋友比尔已经在机场迎接他了。为了逃离美国人的控制，马云把行李留在了酒店，当他来到西雅图时，除了护照和拉斯维加斯赢来的600美元之外没有任何家当。而早在马云没有到达西雅图之前，在电话中听说了他的遭遇后，比尔就已经为他准备好了返回中国的机票和简单的行李，这让马云感动不已。

来到好朋友的家，两个人自然而然的再次被一个共同的话题吸引：互联网。马云和比尔两个人又一次展开了对互联网的畅想。而这次，比尔变得更加专业，而看到了美国的繁华的马云也更加兴奋。谈到高兴处，比尔甚至邀请马云和他一起去参观西雅图第一家ISP公司VBN[①]。

## 首次接触互联网

ISP全称为Internet Service Provider，即互联网服务提供商，也就是向普通大众提供各种信息服务的公司。互联网作为一种基础通信技术，它的各种大众类的服务功能需要借助专业公司来实现，而ISP正是起到这种作用的公司。现代的ISP具有很多不同的分类，比如搜索引擎、门户网站、移动互联网等，而20世纪90年代的ISP还很简单，基本停留在提供基础的搜索服务和网页制作等简单工作的层面。

VBN是一家很小的公司。与其说是公司，其实更像是几个对互联网狂热喜爱的人建立的一个工作室。整间公司只有5名员工，两间

---

① VBN是西雅图第一家互联网服务提供商，现在这家公司已经不存在了。

办公室，狭窄的空间里堆满了电脑。

马云在比尔的带领下第一次看到了互联网公司的样子。没有常见的大公司的复杂分工，只有5个年轻人坐在电脑屏幕前，不停地敲击着键盘。公司空间虽然狭小，但是在当时充满了现代感。这种感觉让马云觉得很神奇。

这是马云第一次真正看见电脑。他甚至不敢轻易碰触键盘和显示器，一切都显得新鲜。看到马云手足无措的样子，VBN的年轻人们热情地邀请马云尝试用电脑上网的感觉。VBN的年轻人对马云说："要查什么，你就在上面敲什么。"

也许是对世界各地啤酒的好奇，也许是长途劳顿后渴望休息的感觉，马云第一个想到的词是"beer"（啤酒）。于是，第一次"触电"的马云用键盘输入了这个单词。经过了一段时间的等待，互联网终于显示出了一些啤酒品牌，有日本啤酒、美国啤酒、德国啤酒，但是看不到中国啤酒。

马云又输入了"China"（中国），显示的结果是"no data"（无数据）。于是，马云第三次输入了"China history"（中国历史）。等待过后，搜索出来的结果仅仅是一段50词的美国人写的中国简介。

互联网作为当时的新兴事物，各种功能还不完善，搜索需要编写简单程序，网速和搜索引擎本身的速度也非常有限。一个半小时的体验马云仅仅尝试了三个词组。可是即使如此，互联网还是引起了马云的强烈兴趣。

"为什么有些能搜索到，有些搜索不到？"马云问VBN的年轻人们。

"因为网上的数据是需要预先放上去，必须先做个homepage

（主页）放到网上去，然后才能搜索到，而且是全世界的人都能搜索到。"

当时的互联网的基础数据建设远没有今天这么丰富。网上的资料存储量非常有限，而且上传数据也比较复杂、缓慢。虽然如此，但是当时的互联网已经让马云看到了商机。"全世界人都能看到"，这让马云有了很多想象。虽然以前也曾经听比尔说过，不过这次是亲眼所见，马云输入的"beer"用了仅仅半个小时的时间就让他看到了不同国家的啤酒信息，事实的强大说服力让马云也对应用互联网产生了极大的兴趣。

马云当时的翻译社取名海博翻译社，对互联网产生了强烈兴趣的马云随即请求VBN的年轻人们把自己的海博翻译社也放到网上去。上午9：30开始，中午12：30左右完工，VBN的年轻人用了三个小时的时间为马云的"海博翻译社"编制了一个最简单的homepage。这三个小时对于在场的7个人来说仅仅是一次有趣的尝试，可是对于中国互联网来说，这却是中国第一家能在互联网上搜到的公司。

海博翻译社的主页内容非常简单，只有一百个单词左右的海博翻译社介绍、翻译报价、联系电话和一个具有非同凡响意义的电子邮箱地址。

简单的网页却带来了意想不到的效果。当天晚上，马云就收到了5封电子邮件，而这些电子邮件分别来自日本、美国等不同的国家。第二天，马云收到了一个中国留学生的电子邮件，内容是一句简短的话：海博翻译社是互联网上第一家中国公司。

1995年，马云一次好奇的尝试创造了"第一家互联网上的中国公司"，这时，距离杨致远创建雅虎还不到一年，而在北京和上海，中国才刚刚有了专门连接美国互联网的通道。[①]

当时中国内地的互联网基础设施还很薄弱，马云的网站上线之后也很难立即收到成效，不过在美国的这次尝试却让马云看到了互联网的强大发展潜力。马云相信，互联网跨越地理界限的能力将让互联网以难以想象的速度发展。同时，能够率先抓住互联网发展机遇的企业也必将在未来占得先机。而更重要的是，马云敏锐地察觉到，随着互联网快速发展的脚步，未来中国需要互联网应用服务的企业将会越来越多，而中国庞大的企业基数所提供的潜在市场也并不比世界上任何国家小。类似VBN这样的ISP公司将在中国大有用武之地。

对新生事物充满好奇而又颇具商业头脑的马云当即对VBN的年轻人们表示：你们在美国负责技术，我在中国找客户，咱们一起来做中国企业上网。这是一个简单的邀请，当时中国还没有互联网商业应用的先例，也没有人知道互联网在中国究竟会发展成什么样子。而对于VBN这家小公司来说，一个来自大洋彼岸的外国人提出的合作请求究竟有多少可信度和可期待的程度也都是未知的，不过同为年轻人的VBN成员们最终还是选择了相信马云，相信这个怀揣梦想的年轻人能够带来更多的生意。当然，至少相信他不会为VBN带来什么损失。

有的时候，生意就是这么简单，拥有共同志趣的人坐在一起相互影响，彼此确认对方的目标，彼此成为对方的资源。对于马云来

---

① 1994年4月20日，中国与国际的64K Internet信道开通。这标志着中国正式联入了国际互联网。但是，这只是有了国际互联网的连入接口。1995年1月，邮电部电信总局分别在北京、上海设立的通过美国Sprint公司接入美国的64K专线开通，中国这才有了与美国互联网之间的专门通道。

说，他找到了一个全新而陌生的领域，他相信互联网将给他带来财富。而对于VBN来说，他们也同样相信马云将给他们带来遥远东方的客户。

对于马云来说，如同他人生中无数的选择一样，这次对互联网的兴趣让他有了新的发展目标。这也许只是又一次的好奇的尝试，可是对于中国互联网来说却是一个可能改变整个业态面貌的决定。从地理界限上，横跨了浩瀚的太平洋，一个共同的信念让原本不认识的人找到了共同的方向。今天互联网的便利已经让我们很难再想象那些"前互联网"时代的人们竟然能够完成如此神奇的相遇。

# 第二章

# 充满坎坷的成长之路

人生总是充满了连贯性，一个人的成功似乎总能从童年找到一些征兆。一条曾经名噪一时的定律是"后十名定律"：那些成功的商人很多都有着成绩凄惨的求学时光。

这条定律究竟是不是具有普遍意义，有多少科学依据，这些都没有权威的证明，不过用来形容马云的人生似乎很合适。

几乎没有人能够想象，今天执掌价值数千亿元资源的马云当年的数学成绩惨淡，甚至因为数学成绩太差而导致几次与大学失之交臂。

一个著名的商人、一个每天都要和钱打交道的人竟然不擅长数学，尤其这个人还是一个从事互联网行业的"数字精英"，这是不是有些奇怪呢？

当然，一个人要成功还是要有些特长，而马云的英语就是他的"秘密武器"。

马云的英语水平是一个传奇，他能够在斯坦福大学演讲，能够和美国人无障碍地沟通，甚至在那个电脑设备还非常基础、没有中文应用的情况下能够用英语进行简单的输入。有时候，马云的英语能力和商业能力会让人觉得，如果他不从事互联网行业也许能够成为一名成功的英语培训机构的董事长。

马云的英语是怎么炼成的？这和很多事情都有关系，比如父亲对于他兴趣的支持，还有他跑到西湖边与外国游客们交流。兴趣是最好的老师，应用是语言的灵魂。当这两件事碰到一起，马云的英语自然非同凡响。

英语是马云创业的基础，而在马云的求学年代，英语更是他上大学的基础。当年的马云严重偏科，英语成绩名列前茅，数学成绩一直不好，虽然经过几次恶补，最终在总分上实现了学科间的相对平衡，可是数学却一直是一锤定音的关键学科。即使在最后的一次高考中，马云依然没能上线，还是英语最终让学校破格接收了这个成绩不好的差学生。

偏科对于学生来说是致命的，即使是后来成为成功商人的马云也不例外。他经历了几次高考，每一次失败都是偏科的结果。而父亲的支持成了马云最终走出失利的强大支柱。

当马云高考失利，在杭州城里当了一名三轮车夫的时候，父亲的提点让他从失败中走出来，而当他再次失利的时候，又是父亲的帮助和支持让他最终如愿以偿地进入了大学。

今天的人们似乎比马云的学生时代多了一些烦恼，我们总在探讨究竟要不要读书，知识会不会改变命运。而从他的经历中，我们能够看到大学对人生的改变。如果没有几次的坚持，没有最后的那段大学时光，马云不可能开拓自己的视野，更不可能积累人脉和资源而最后成为一名成功的商人。

而同样，从马云的那段坎坷的求学经历中，我们也能看到，学以致用的重要性。当你喜欢自己的专业，当你让自己的专业能力与众不同的时候，它总会带给你一些特别的机会。这可能就是知识的回报。

# 第一节 坎坷求学路

家庭对一个人的人生有着重要影响，这几乎是不需要证明的公理。一个书香门第出生的孩子长大后必然是一个知书达理的人，而一个从小被骄纵的孩子长大后也很可能暴戾成性。但是天下的事没有定式，人的成长也充满了各种不确定性。比如对于企业家来说，似乎很难说得清楚那些创业成功的人有什么共同的特点，他们有的家境贫寒，不得不背水一战；而有的则家境殷实，即使不出来闯荡社会也依然能够养尊处优。

不过所有创业成功的人似乎都有一点相同，那就是他们的童年中都充满了一些渴望，希望能够用自己的努力改变些什么，马云小时候就是这样一个孩子。也许也正是这种渴望让他对一切不了解的事物都充满了好奇，而好奇之后就是义无反顾地付出。这也许就是在西雅图的短短一天，马云就决定投身互联网世界的原因。

20世纪60年代，大家的经济地位差不多，没有多少贫富差距。那个时代的社会地位并不由财富所决定，对于人们来说更加直接的影响来自于政治身份。这对当时的马云来说不算是个好事情。在家庭出身至上的时代里，马云很小的时候就感受到了"特殊"的含义。

马云的父亲是杭州当地一个戏曲协会的负责人，而母亲在一家钟表厂工作。作为戏剧协会的负责人，培养孩子的戏曲爱好自然是义不容辞。从马云很小的时候起，他的父亲就经常带他去看戏。不过对于马云来说，父亲所陶醉的那些婉转的唱腔似乎并不能引起他的兴趣，倒是那些武行小生劈里啪啦的武戏更能吸引他的注意。

很快，马云的父母就意识到马云不可能像他们想象的那样发展，甚至在某些方面，马云的做事风格和父母的期望完全是不同的方向。

## 爱打架的"浑小子"酷爱英语

"儿子天生不按常理出牌，说教只怕已无用途！"[①] 马云在自己的自述里引用了母亲这样的一句话。

父母期望马云有更加细腻、婉转的江南戏曲唱腔，而他却爱上了武行的打打杀杀。不仅如此，马云更爱血雨腥风的武侠小说甚至是真实世界里的打架。

自由的教育理念让马云的父母对他的教育采取了一种相对开放的态度，他们支持马云根据自己的爱好选择成长路线。但是他们绝对没想到、也不希望天生身材矮小的马云会喜欢上打架。

爱打架让马云的学生生涯显得有点与众不同。因此，马云曾经三次转学，受过处分，最严重的一次甚至在医院缝了13针。可是和

---

① 唐宝民. 找准自己的闪光点［N］. 桂林日报，2010-05-16.

今天很多叛逆的孩子不同的是，马云的英语却非常出色。

爱好打架毕竟不是一个什么好的习惯，父母也没少为了这事批评马云。可是渐渐的，父母发现他们批评马云的大部分话马云并没有听进去，相反，有的时候马云还会冒出几句他们听不懂的话。

经过观察，父母发现马云对英语非常感兴趣，他们渐渐猜测：难道马云口中偶尔冒出来的话是英语？

"你小子是不是在用英语骂我呢？那好，你好好学英语，学到能随心所欲地讲，那样骂人才会痛快!"马云在自己的自述文章《父爱是把铁锹》里引用了这样一句话。

当父亲发现了马云这个优点之后，他就立即下决心要让马云好好学英语。于是，在西湖边，总能看到这样一幅画面：一个父亲骑着自行车带着一个瘦小的孩子，孩子下车后去找老外们聊天，父亲则找一个角落在一旁欣赏西湖边咿咿呀呀的丝竹弦乐。

马云从小不怕生，和外国人交谈更让充满好奇的他感到兴奋。和老外们聊天时间久了，交谈的内容也开始逐渐加深。除了简单的问候和日常性的交流，马云也渐渐用英语向老外们介绍西湖的景色和历史。渐渐的，马云成了西湖边上的一名义务英文导游。这段经历对马云的人生有着巨大作用。

英语学习最重要的是在实际中交流的能力。课堂教学教会了学生最基本的语法知识和词汇，但是缺乏语言环境的影响，英语学习的成效还是有限的。不过马云的学习经历却正好相反，在实际的语言环境中掌握了英语的用法，这为马云在未来使用英语奠定了基础。而日后，马云无论是与外国投资者的谈判还是在知名大学演讲，英语都不是他的障碍。更重要的是，英语优势在早期的计算机领域有着无与伦比的作用。这些早年的经历似乎都在为马云日后的成功悄悄蓄力。

在上高中之前，马云的各门功课成绩都没什么特别，可是到了高中，他的英语优势就凸显了出来。从高一到高中毕业，几乎每次考试马云的英语成绩都是第一。不过一门功课的出众并不能决定马云的整体成绩。

虽然在父母的循循善诱和自己的兴趣爱好下，马云的英语水平超乎想象，但是如同所有严重偏科的学生一样，英语超强的马云数学极差。与英语形成鲜明对比，每次考试，马云的数学都是倒数第一。甚至传言一些考试中马云的数学成绩只有几分。这样的结果自然是把他的整体成绩拉低很多。

不出意料，在高考的大关中，马云的英语成绩依然出众，数学成绩却仅有1分[1]，而落榜也成了顺理成章的事情。

在20世纪80年代，对于一个普通家庭的孩子来说，高考失败的打击之大几乎很难有什么其他事情能够与之相比。但是对于马云来说，高考考场取得了英语第一名的成绩是自己实力所致，而高考落榜同样是自己偏科的结果。

对于这样的结果，马云倒是欣然接受。可是接下来的事情却有点让他"受伤严重"。

## 首次找工作失利的打击

高考失利后的马云如同其他高考落榜生一样步入社会，找工作

---

[1] 盛岚，谢琪芳. 盘点大佬高考：马云数学考1分 [EB /OL]. (2013–06–09) 新华网浙江频道.

养活自己成了自然而然的事情。虽然马云从小就爱好打架，学习严重偏科，但是他同样具有很强的独立意识和渴望。他不希望一直在父母的保护下生活，而希望通过自己的努力，有自己的生活。这种自主性也体现在了他后来的创业中。主动出击、想干就干，这是马云在小时候就养成的习惯。不过在找工作这件事上，却没有顺利地实现自己的目标。这也许就是时间给他的一点磨炼吧。

高考后，马云和自己的表弟一起去一家宾馆应聘保安。自信满满的马云觉得这样一个简单工作自然是非常轻松，结果没有想到自己的表弟顺利过关，而自己却因为身高问题而被拒绝。这对马云来说是一个非常大的打击。

从小到大，虽然马云个子瘦小，但是善于打架的他从来没有惧怕过对手，也没有真正因为个子小受到过什么歧视。可是这次，马云真正感受到了个子小带来的不便，也认识到了生活的残酷。更重要的是，马云第一次感觉到自己有了怒火却完全没有办法发泄。

这次应聘失败对马云的打击远远超过高考。如果说高考的失利是意料之中的话，那么这次的失败则是完全意料之外的打击。看着表弟准备上班的样子，马云的心情更加抑郁，他的父母也都察觉到了异常，希望尽快让马云走出阴影。

于是，马云的父亲悄悄地替马云安排了一份三轮车夫的工作，让马云替当地的几家杂志社送杂志到发运站。对于马云的父母来说，为他安排这样的工作是希望让马云走出应聘失利的阴影。一方面，三轮车夫的工作是一项体力活，另一方面也是觉得马云不会甘心干这样一件简单的事情。他们希望马云能够在走出阴影之后重新振奋起来，重新寻找自己的人生方向。

可是没想到的是，马云对这个工作相当满意，甚至觉得自己完全可以在蹬车的工作中度过余生，这让父母又急又气。父母看到马云从应聘失败的阴影中走出来是好事，可是他们同样不希望马云就这样消耗一生。于是，一个新的激励计划逐渐成形。

## 第二节　圆梦杭州师范学院

高考落榜后的马云，凭借着父亲的"关系"成了一名三轮车脚夫。负责蹬着三轮车给杂志社送书。这份枯燥的工作却让马云觉得有滋有味。对他来说这可能是一种难得的解脱，可是对于其他关心他的人来说却并不是一件让人满意的事情。不过他人的看法似乎并不能影响他的生活和判断。饱受打击的马云躲在每天繁重的工作中而不敢轻易返回现实。

马云每天要在20多千米的路上来来回回踩上几趟。一箱箱的书都要靠他手拿肩扛的装车、卸车，这些都让马云每天消耗着巨大的体力。这种体力的消耗可以麻痹自己，以忘记高考和应聘失败带来的烦恼。每天机械的劳动给了马云一个逃避失败的机会。一天繁重的工作后，马云可以回家倒头便睡，这些都让他感到轻松。

可是父母觉得马云应该有更加丰富的人生，于是他们想要给他再一次激励。也正因为有了这种激励，才让中国互联网多了一名领袖，少了一个一辈子庸庸碌碌的三轮车夫。

### 第三次高考被破格录取

"你每天20多千米来来回回都不累，为什么就不能再走一遍高考的路呢？"马云的父亲轻轻触动马云的痛处。外人不得而知这种触动是有意为之还是不经意间的一种担忧的流露，总之这句话确实打击到了马云，也让他不得不重新面对现实生活中的挑战。是重新接受高考的洗礼，还是在繁重的体力劳动中逃避，这成了一个现实的问题。

再走一遍高考路，这自然不是每天20多千米的问题，需要的不仅仅是体力，更是毅力和决心。数学倒数第一的伤痛并不容易恢复，更难以解决的是如何让数学成绩达到录取要求。这显然要比每天麻木的体力劳动更加具有挑战性。重新找回学习的感觉，这本身就不容易，还要面对头疼的数学。更何况在当时的社会环境中，高考失利并不一定意味着什么重大的变化，人们还是习惯于接受日常的工作。即使马云坚持做一名三轮车夫，在当时的社会环境中也不会有多么的难堪。

不过不服输的劲头还是占据了上风，马云最终还是选择了参加第二次高考。对于已经有了一次失败经历的马云来说，数学决定成败已经是非常明确的了。于是他报考了复读班，不过再一次的努力依然没有突破，马云的数学仅仅拿到了19分。虽然英语依然出众，但是马云的总分还是距离本科录取线差了140分。

这样的分数差距足以打消很多人再次复读的勇气，更何况这已经是马云的第二次高考了，而且也是马云明白了数学重要性之后的一次高考了。可是19分的现实和140分的差距都足以打消所有人的信心。

不过这次马云却没有轻易放弃。相反，渴望成功的他决定再一次踏上高考路。不过和第一次复读不同的是，这一次他没有再获得家人的支持，很多的人劝他正视自己，严重偏科是不可能考上本科的。

　　马云还是坚持了，而马云的父亲也坚持了。为了让马云突破数学这道关，马云的父亲专门请来了一位特级数学教师，每周给马云进行辅导。在这种强化训练之下，1984年7月，马云第三次踏上了高考的考场。

　　马云这次的数学成绩拿到了79分。这对他来说是破纪录的高分。虽然依然偏科，但是数学成绩的突飞猛进已经让这种偏科显得不那么严重了。可是现实总是残酷的，当发布录取线的时候，马云依然以5分的差距没能突破本科线。

　　这也许是马云人生中最灰暗的几天。自己付出了努力，努力也得到了回报，只是回报还没有达到想要的那么丰厚。如何面对接下来的人生成了一个大命题。已经是第三次失败，第二次复读的马云很难取舍。

　　命运有的时候就是充满了突然的转折。1984年高考结束后，杭州师范学院本科的英语专业人数没有招满，而总分距离本科线只有5分差距而英语成绩又非常出众的马云被"破格"录取到了这所学校的英语专业。

　　这不能不说是比较英明的决定，让马云有机会读大学，而这个破格的选择更为未来中国互联网的发展起到了重要的作用。

　　1984年9月，马云到了杭州师范学院这所家乡的学校报到，而他即将报到的英语专业不仅仅是他最喜爱的专业，更是他最擅长的专业。这让马云开启了完全不同的一段人生经历。

与其他同学相比，马云不仅英语基础知识较强，由于有曾在西湖边当免费导游的经历，他的口语更是十分出众，甚至和一些老师相比也毫不逊色。这些自然成了他专业学习上的优势。短短的一个学期，他就展现出了与众不同的英语水平，不仅在各种专业课程中成绩斐然，也在各种社团活动中表现出色。

突破了学习成绩的障碍，尤其是脱离了屡次打击信心的数学，马云的自信也重新回到了自己身上。优异的成绩让他在老师们的眼中成了好学生，而积极的社团活动也让他与众不同。四年的大学时光，马云甚至登上了杭州市学联主席的位置。

大学生活的全面成功最终让马云成了一名大学老师。因为英语成绩出众，专业素质优良，马云被杭州电子工业学院聘为英语教师。

经过两年的努力，马云从一个高考落榜生变成了一个三轮车夫，而又迈进了大学；四年之后，马云又变成了一个大学教师。这种强烈的身份变化，不知道对于马云自己来说是不是也吓了一跳呢。

不过事实证明，马云的跳跃还不仅限于此，他还有更大的跨越。


## 杭州电子工业学院的经历


1994年，也就是马云成为教师后的第六年，不甘于平静生活的他开始了人生的第一段创业历程——创办海博翻译社。

马云利用自己的专业知识和当老师积累来的人脉，邀请几个朋友一起创办了翻译社。但是初战不利，翻译社一个月的房租就达到了2000元，而第一个月的收入仅仅700元。这不能不算是一个沉重的打击，不仅仅是心理上的，更是经济上的。

为了让自己的翻译社能坚持经营下去，马云想尽了办法。甚至自己背上麻袋到临近的义乌批发小商品。马云坚信自己的判断：翻译在对外贸易越来越多的情况下必然有非常大的市场潜力。

经过了两年的坚持，马云的翻译社不仅活了下来，还实现了盈利。在业余时间，马云还组织了杭州市第一个英语角。他把自己当年学英语的方式总结成了模式，在英语爱好者中推广，渐渐形成了杭州本地有一定影响的英语学习组织。只是马云没有想过让这个英语爱好者的团体商业化，否则这很可能又是一个成功的案例。但这也不能算是马云的失算，毕竟如果他的教育产业也做成了，也许就没有后来的阿里王国。

在这两年时间里，马云不仅将自己的爱好做成了英语角，不仅办好了自己的副业，在主业上也丝毫没有放松。多年对英语的热爱让他喜欢钻研英语学习方法，逐渐形成了一套独有的教学手段。这些方法深受学生们的欢迎，他自然也慢慢成长为了学院里课程最多的教师之一。1995年，马云凭借自己在英语教学方法上的创新，又获得了"杭州市十大杰出青年教师"的荣誉。可以想象，如果马云投身教育事业，一定也能获得意想不到的成功。

杭州电子工业学院的经历对马云后来的人生有着至关重要的影响。在这里，他认识了向他介绍互联网的外教比尔，也让他创办的海博翻译社有机会接触到政府项目，更让他有机会前往美国真正体验互联网。如果我们从今天开始往后看，这些都是未来的阿里巴巴帝国成长的必要因素。这也许就是"偶然"和"必然"的统一关系吧。

如果说高考失利和随后一段的复读期是马云重新找回生活目标的一段时期，那么这段在杭州电子工业学院任教的时期就是他后来丰富多彩人生的机遇期。这一段的很多"偶然"最终成就了马云事业成功的"必然"。

# 第三章

# 电商思维的进化

是马云改变了互联网还是互联网改变了马云，这个巨大的命题背后是一种简单的逻辑。没有马云可能会有另一种业态的互联网，而没有互联网可能会有另一个成功的马云。当你还在迷茫的时候你不能说自己已经成熟，而任何成熟的商人都必须经历一段逐渐成长的过程。这个过程会让你对自己的事业更加执着和坚定。

1995年4月，一个全新的公司在浙江杭州诞生了，名字还是常有的"海博"二字，不过经营的东西却已经不再是简单的英语翻译了，而是"电脑服务"。

翻译社可以称为马云的第一桶金，无论是人脉还是资金都是如此，可是这些对于马云的翻译社来说似乎帮助并没有那么大。当马云兴致勃勃地准备开始互联网创业的时候，几乎没有什么人愿意跟着他一起干。

当然，这对于已经习惯了创业艰辛的马云来说并不能算是什么重大问题，可是后来的合作问题、经营问题，一个个都成了新的"电脑服务"的杀手。

新生的"电脑服务"，定位一个新的电子商务的主题，当互联网还处于中科院院士们研究的课题的时候，马云已经开始研究这个新技术的商业应用了。

"中国黄页"，一本建立在互联网上的"企业电话本"在还没有互联网的中国产生了很大的变化。在最初向着众多潜在的客户说明什么是互联网的时候，马云费尽了心力。他必须让人们通过自己抽象的描述，理解自己花钱所建设的网页究竟是个什么东西。

想象一下当时马云的窘境，他必须顶着骗子的疑问推广自己的服务。同样的，在那个没有互联网人才概念的时代，马云还得把各种英文版的企业介绍和图片通过国际快递传到美国的技术服务商的手中，让他们实现这些内容的数字化。

随着名声的积累，马云也有了自己的团队。可是如同"树大招风"这个词一样，当马云的"中国黄页"声名鹊起的时候，跟进者、竞争者甚至吞并者都紧随而来。马云渐渐退出了自己的"中国黄页"，而一个新的机会也让他进入了外贸部（也即现在的商务部）的视野。

通过与外贸部的合作，马云建立了更加成熟的团队，也有了更加广泛的视野。新的理念、新的计划都随之产生。这也许就是逆境中的化学变化。在外贸部的平台上，马云建立了中国最早的政府网站、实现了网上广交会①，实现了无数新的互联网电子商务的探索。

一切似乎又是顺理成章，马云再次上路，通过自己的理解和积累，马云希望将自己对互联网商务的想象都具体到一个实用的公司框架中。

---

① 广交会，又称中国进出口商品交易会。创办于1957年春季，每年春秋两季在广州举办，迄今已有五十余年历史，是中国目前历史最长、层次最高、规模最大、商品种类最全、到会客商最多、成交效果最好的综合性国际贸易盛会。

# 第一节　从摆地摊到网上商圈

1995年，马云赢来了自己事业上的三件大事，第一是自己被评为"杭州市十大杰出青年教师"；第二件事是自己的海博翻译社获得了杭州市政府的项目，自己还有机会去美国；第三件事是和在西雅图有过一面之缘的ISP公司VBN尝试在中国进行互联网创业。

被评为"杭州市十大杰出青年教师"，对于很多与马云同年代甚至今天的教师来说都是一件了不起的事情。这样的荣誉不仅仅意味着马云的教学能力得到了肯定，更让他有了向上发展的资本。而海博翻译社的成功对于马云来说也是一个足以让自己骄傲一下的事情了。最初创建海博翻译社的时候，马云只有几个志同道合的朋友愿意帮忙。第一个月经营下来，只有700元的营业额，房租却高达2000元。即使不算其他费用，仅仅是这两项，海博净亏损就达到1300元，接近营业额的两倍。

就在别人的一片嘲笑中，马云坚持了下来。到了1995年，海博翻译社已在杭州小有名气。这一年，杭州市政府把出国谈判的机会交给了海博翻译社，交给了马云，这本来就能证明海博翻译社的成功。

这，算得上马云事业上的一点证明。

不过第三件事却有点锦上添花的意味。即使马云不再开发新的创业平台，凭借自己在大学教书的工作和海博翻译社的盈利，马云过上舒服的生活也不是问题。可是如果再去拼一次，去尝试一个在中国甚至还没有开始应用的互联网，一旦失败，可能连现在所拥有的这些也都会失去。

第一个困难来自马云自己。虽然在工作之余马云的副业海博翻译社成功走上正轨，但是如果马云再开创一个新的事业，能不能同时兼顾将是很大的问题。

第二个困难则是大环境。中国当时的企业连互联网是什么都很难理解，ISP更是连概念都没有。这种情况下，让他们花钱去买什么网络服务，这显然不太现实。

第三个困难是现实。虽然马云的海博翻译社走上了盈利的轨道，虽然自己的工资也基本能够应付家庭开销，但是真正要干一家企业，马云还是需要大量的资金作为支持。已经有过一次创业经历的马云知道，这种创业初期的严寒和等待是需要真金白银作为铺垫的。

更加棘手的问题是人。当时的中国远没有什么大众化的计算机人才。少有的研究网络的人基本都在各种科研院所进行基础研究，让他们加入自己的互联网公司明显是天方夜谭。不过对于那时的环境来说，专业人员也许还不是当务之急，因为在不成熟的网络环境中，技术人员的支持并不显得那么重要。通过美国的VBN支持能够解决这个问题。但是毕竟马云一个人不可能办成一家公司，他还需要一些帮手，至少是几个志同道合的朋友的支持。可是这一切对于当时的马云来说都显得遥不可及。

## 马云的"头脑风暴"

1995年，马云从西雅图首次触网归来，强烈的创业冲动让他彻夜难眠。他觉得互联网绝对是一个大商机，自己一定要抓住这个商机。

于是在回国之后，马云动用了自己积累的人脉资源，希望能够获得支持。当时马云找了24个人到家里，对他们讲什么是互联网，互联网能干什么，互联网有怎样的前景，互联网能创造什么价值……

整整两个小时，马云一直在讲，其他人一直在听。可是听完之后，23个人都强烈反对马云用互联网创业的想法。只有一个人没有否定马云，但也并不支持——"试试看吧"。

2个小时，听他讲的24个人没弄懂互联网是什么，马云也没觉得自己讲明白了互联网是什么。2个小时之后的马云筋疲力尽，也产生了动摇。没听明白、没讲明白的结果是让他自己也觉得对互联网不太明白。大众不能接受，环境不太允许，甚至自己都不是很明白，这样的情况下创业能成功吗？似乎所有创业学的讲师都要求创业者在创业前做好市场调查，可是马云的这种感觉显然够不上市场调查的严谨和科学。

要坚持吗？这成了一个问题。

"试试吧，不行赶紧逃回来。"这是唯一的"肯定"声音。24个人走后，马云陷入了思考。

第二天一早醒来，马云下定了决心：坚持做。

经过这一夜，马云的思路清晰了许多。其实早在接触互联网的那一刻起，马云就已经知道自己一定会坚持把互联网做下去。就像当时的海博翻译社一样，开始亏的时候没有人看好他，而他还是坚持。也没有什么太特别的理由，就是因为他看好。他觉得翻译一定能赚钱。而这次，他再次看好了，他觉得互联网一定能赚钱。后来的事实证明了他是正确的，不过这中间的过程显然没有那么轻松。

马云创办海博翻译社的时候，翻译社的业绩并不好，一直处在亏损的状态。为了维持翻译社的运转，马云就到义乌甚至广州去购买小商品，回来之后在自己的翻译社门前摆摊。最早的海博翻译社并不是靠着开展翻译业务赚钱的，而是靠着马云摆地摊维持的。那时的海博翻译社门前既有马云从外地用麻袋背回来的小商品，也有鲜花。整个翻译社像个杂货铺，而马云也一点都不像一个下海创业的大学老师，更像一个勤劳的地摊摊主。

那一段时间，也有很多人不理解马云为什么放着好好的工作不做，一定要跑出来摆摊。后来海博翻译社成功了，可是马云却知道真正让海博翻译社成功的，并不仅仅是后来培养起来的客户们，还有当时那段艰难的地摊经历。

海博的成功不能阻止马云继续创业的脚步，一个更加疯狂的创业计划正在悄悄酝酿，而这个计划就在23个人反对与一个人"试试看"的评价下诞生了，它就是"中国黄页"。

## 什么是"中国黄页"

"黄页"是一个和互联网一样的舶来词。今天我们都知道"黄页"是电话本的意思，那么"中国黄页"顾名思义也就是中国的电话本的意思。通过"中国黄页"，别人能够看到你，知道你能提供什么样的商品和服务，这就是一种典型的应用互联网的ISP服务。当然，如果除了互联网这个新潮的名词，这其实也是一种非常简单的"地摊理念"——你把东西放在那，人们看到了就会买。只是和"地摊"相比，能看到你的人更多，潜在的顾客也更多。这种概念似乎贯穿了后来马云电商创业的始终，包括淘宝、"天猫"都是这样一种"地摊理念"的延伸。这也许就是最赚钱的理念隐藏在最普通的事物中的道理吧。

马云创建"中国黄页"的时间是1995年，当时中国正处于急速变革的时期。可是即使在新事物不断涌现的那个年代，互联网还是属于绝对的"异端"，甚至连"黄页"是什么也并不是所有人都知道。

两个陌生的舶来词加在一起，还要付出一笔费用购买，又没有人真正看到过这个东西带来的利益，甚至推广这些概念的人本身都不能完全讲明白互联网是什么。这样的环境下，创业的艰辛可想而知。

如果说当年的海博翻译社创业是马云放下架子重回基础劳动者的行列，用经营地摊的精神创造了海博翻译社，那么这一次的"中国黄页"就是马云放下面子，冒着被别人指着说骗子的风险创业的历程。

说服别人接受新的理念是一件非常困难的事情，而马云则坚持了下来。在一边努力说服别人相信互联网的同时，马云也在逐渐丰富自己的团队。

互联网是虚拟的，马云拿不出任何东西证明世界上有这么一个通过电子信号建立起来的网络，更证明不了这个网络有着快速的信息处理和传输能力，只需要敲击一下键盘，相隔几千千米的地方就可以实现信息共享。

# 第二节　风生水起外贸部

　　1995年是马云事业上的一个转折点，刚刚获得"杭州市十大杰出青年教师"称号的马云即将在教书育人的道路上腾飞，同时他的海博翻译社也走上了正轨，可是这时的马云却递交了一份辞职信，从杭州电子工业学院辞职了，义无反顾地投入到互联网创业中。

　　这个选择受到了大家一致的反对，包括当时马云试图说服的24个人在内，没有人看好马云的这次选择。

　　但是马云还是选择了遵从自己的信念。当他离开学校的时候，身上带着2万元的启动资金，这里面的大部分都是向妹妹一家借来的。而2万元，正是"中国黄页"向企业提供一个主页的价格。

　　2万元，这在当时是绝对的大数目，何况这样一笔钱是给一家名不见经传的小公司用来制作一个在中国还没有什么人见过的互联网"主页"的价钱。

　　客户不信任，同样没有人愿意加入这个看起来充满了欺诈和没什么前途的团队。马云身边其实只有两个人，一个是自己的妻子，另一个是后来被称为中国互联网"骨灰级"人物的何一兵[①]。

3个人，2万元，经营一个没什么人懂的公司，看起来似乎是个玩笑，但是这个玩笑最后竟然成了现实。

当时的互联网功能简单，作为互联网服务公司，"中国黄页"能提供的服务也非常有限。只是基本的主页、搜索模式。马云的经营方法也很简单，他们信了，给钱了，我们就联系美国公司制作，他们尝到甜头了，自然而然会回头来找我们。

在做海博翻译社的时候，马云积累了一批人脉，这些人中有相当一部分都是从事外贸行业的。这些人有着旺盛的与外界交流的欲望，需要一个窗口来让世界各地的人了解他们的产品和服务。马云觉得他们是最好的潜在客户。于是他就一家一家的上门推销，向他们宣传互联网的神奇。

马云的经营流程是说服客户—拿到资料—转交美国人—告诉朋友们网页上线。

今天看来这是个很简单的事情，可是在那个时候却并不简单。1995年5月9日，马云运营的网站"中国黄页"正式上线，而直到三个月之后，中国互联网才正式开始提供服务，而更久之后，人们才逐渐了解了互联网。

这之间的艰辛可想而知。试想，在看不到任何实物，得不到任何信息的情况下，马云告诉客户们他们的主页已经开始上线运行

---

① 何一兵，中国互联网商业化和电子商务应用的开拓者之一，现任浙江博客信息技术有限公司董事长。1989年毕业于北京航空航天大学，1995年和马云联合创建中国第一家互联网暨电子商务公司——"中国黄页"。1997年马云离开杭州去北京给外贸部建网站后，中国黄页一直在何一兵的独立领导下快速发展，成为了互联网界第一家盈利的公司。

了，客户能信任他吗？

也许那个时代人与人之间的信任还不像今天这么淡薄，也许是马云独有的强大的人格魅力影响和感召了对方，也许是海博翻译社积累下的良好口碑资源。总之，马云做到了。他不仅让人们相信了互联网的存在，还让他们付了钱。

2万元的主页制作费用，这并不是一个小数目。2万元中的1.2万是支付给美国公司用于网页制作的费用，剩下的8000元是马云的毛利润，这样算下来，一个成功的项目，马云的纯利润并不低。而这些费用包括的是一个主页制作、3000字的文字介绍和一张图片的总价格。这在今天看来似乎还没一个淘宝的商品主页复杂，不过那个年代就已经达到了2万元的高价。

当然，生意发展的过程也并不是一帆风顺的。在中国互联网还不能提供服务的时代，向人们证明网站能用并不简单。马云的方法却很简单：打电话给你们外国的朋友，看看他们能不能查到你们的网页，电话费我出，查不到不付钱。

就这样，马云解决了最难以解决的问题。不过这也带来了问题，虽然一个网页收费2万元，但马云需要给美国的公司支付1.2万元的制作费用，而且制作费每次都是马云事先垫付的。对于只有2万元启动资金的马云来说，这显然不那么容易。

不能上网，对于1995年的"中国黄页"来说既是不利也是机遇。由于当时中国还没有公司在网上拥有自己的主页，那些能够上网的企业自然在世界竞争中占有了优势。尤其在中国加速融入世界的过程中，越来越多的外国企业希望能够在中国找到合作伙伴，而当时新兴的互联网成了他们最佳的选择。所以，当马云的"中国黄页"上线一段时间后，已能在网上零星地搜到马云给几家公司做的网页了。①

比如望湖宾馆，一家1984年就已经开业的坐落于西湖边的中国酒店，由于在马云这里制作了主页，这家宾馆成了一段时间里互联网上唯一的一家中国宾馆。简单的文字介绍和图片更能激发人们的想象力。正巧世界妇女大会在北京召开，会议结束后，各国代表们去杭州玩。能够上网的各国代表都早早地通过互联网尽量找到了一些杭州的资料，而望湖宾馆自然成了他们的重要收获。当真的踏上了杭州的土地，代表们当然迫不及待地想来看看这家在网上传说着的宾馆。②

这就是互联网的力量，当越来越多的企业看到了活生生的例子的时候，马云和他的"中国黄页"自然成了引领网上潮流的风向标。

随着网络的名气越来越大，马云的生意也越来越好做。在中国终于能够接入互联网服务的时候，杭州电视台甚至为马云做了一期采访，他们用摄像机对着马云的电脑，看着"它"慢吞吞地打开一个主页，显示图片和文字，马云终于证明了自己不是骗子。要知道，更早的时候，马云做生意是让位于美国的VBN公司把网页打印下来通过邮寄的方式拿给自己的中国客户看的。

互联网在中国落地了，而早在互联网落地之前，马云就成功了。

1997年，中国互联网纪元第二年，外贸部找到了马云，希望他能出山协助外贸部建设一些对外的商务网站以提高中国的对外经贸水平。这对于马云来说又是一次选择。

---

① 新民周刊编辑部.1999—2014影响力十五人：马云被天文数字包围［J］.新民周刊，2014（1）.
② 新民周刊编辑部.1999—2014影响力十五人：马云被天文数字包围［J］.新民周刊，2014（1）.

可是另一方面，"中国黄页"正在步入正轨。是放弃一个即将到手的"金蛋"，还是选择一条还没有明确前景的道路北上呢？

## 放弃"中国黄页"，北上外贸部

正当"中国黄页"蒸蒸日上的时候，年收入700万元的成绩足以让马云骄傲。但当时马云的一个最大的对手出现了——杭州电信。当时，作为中国最早的经营互联网基础服务的运营商之一——杭州电信也同时在探索中国的ISP服务发展。看到马云这样成功的例子，他们自然不能放过进入这个行业"掘金"的机会。

据说，当年的杭州电信投入了巨额资金进入与"中国黄页"几乎相同的ISP搜索业务。这让"中国黄页"面临着巨大的生存压力。

当然，当年"中国黄页"究竟面临什么样的生存环境已经很难还原了，不过对于马云来说，活生生的现实就是自己的生意几乎瞬间就被打垮了。无奈之下，马云只能与杭州电信展开合作，通过让出"中国黄页"70%的股权的方式寻求生存。

可是随后的日子马云也并不轻松。占据了绝对控股的杭州电信谋求彻底地控制，在业务开展、后台支援等方面，"中国黄页"作为"领养的孩子"自然也不能和其自身原本的ISP公司相比，在多重压力之下，马云决定放弃。一方面把公司的运营交给了当年和他一起创办这家公司的何一兵，另一方面把自己手中剩下的股权以每股2角钱的低价全部转让给了杭州电信。恰逢外贸部的征召，马云就带着自己的一部分团队北上。

其实，放弃运营蒸蒸日上的"中国黄页"，如此重大的决定对于很多人来说也是一个不小的选择，不过对于马云这个放弃而又重新选择，选择而又放弃的人来说，再次上路似乎才是唯一的答案。于是，马云带上自己的团队接受外贸部的邀请北上，协助当时中国对外贸易领域最重要的部门去"做一些大事"。

马云虽然离开了"中国黄页"，但是他并没有离开互联网。来到外贸部，他和他的团队共同努力，建成了中国第一个专业化政府网站——中国外贸部网站。虽然随着历史的发展，2003年外贸部调整为商务部，其网站也已经退出了历史舞台，但是如同"中国黄页"开创了一个时代一样，外贸部的网站同样也开启了一个时代。而对马云自己来说，与外贸部合作的那段时间，也让他真正从一个杭州出生和创业的地方小商人蜕变成了一个明白国家发展趋势的"大商人"。

马云和自己的团队来到北京，在一间20平方米的小办公室里开始了外贸部网站的建设。经过15个月的努力，外贸部成了中国第一个拥有官方网站的政府机构。而且由于外贸部独特的商务属性，他们的这个官方网站还兼具盈利的能力。

一半靠着外贸部的名气和影响力，一半靠着马云的努力，在马云团队的经营下，外贸部网站上线第一年竟然就获得了接近300万元的利润。

300万元的利润，这和"中国黄页"700万元的年收入完全不是一个概念。但马云当时离开"中国黄页"的时候，网站还没有盈利，是一年后，"中国黄页"才真正成为一家赚钱的网站。而外贸部的网站则在第一年就获得了接近300万元的利润，这不能不说是一个奇迹。

不过随之而来的则是马云和他的团队的抑郁。因为在接手外贸部的项目之初，外贸部曾向马云许诺了股权和分红，而当这家网站盈利的时候，因为种种因素，当初这些许诺大多没有兑现。

从技术上甚至从中国互联网的历史上，马云和他的团队都胜利了，但是从经营本身，他们似乎是失败了，因为他们并没能获得经营的收益。

虽然马云和他们的团队没有获得更好的收益，但在做外贸部网站期间，马云还承担了很多专业网站的建设任务。比如网上广交会、网上技术出口交易会等，这些网络会展的建设也让马云更加认识到电子商务发展的蓬勃力量。随着与外贸部合作的深入，马云更加了解中国的宏观市场，也更加理解网络和商务配合起来所能产生的力量。马云有了更大的视野，他开始从宏观上思考问题，从大势上判断未来商业的面貌。

一个更加宏伟的商业蓝图已经开始谋划。

## 第四章

# 破壳而出的阿里巴巴

什么是电子商务？随着互联网的普及，人们对于这个名字越来越熟悉。我们都知道互联网是可以用来做生意的，可是这个生意怎么做，这个生意怎么赚钱，倒退十几年，估计在中国很少有人知道。

马云就是在这个时候杀入了电子商务的圈子，不知道他自己知不知道未来将会建立多么庞大的一个商业帝国，将会在多大的程度上改变商业的模式。

更多的磨砺会带来更多经验和思考。作为已经在互联网行业中摸爬滚打了几年的"老人"，马云的再次创业显得更加成熟和稳健。

不过这也难以掩饰现实的无奈。当马云从外贸部的大好前程中退回到杭州搞自己的电子商务时，颇有一种"赌一把"的不确定性。

在面对自己的团队的时候，他甚至都会说出自己对未来的不确定性，这似乎并不是一个成功的领导者应有的状态。

50万元，这就是当年马云的启动资金。这些资金中有马云多年商海沉浮的积累，更有从那些愿意跟着自己干的人手中"抢来"的闲钱。所有人都把自己的积蓄拿出来一起做一个没人做过的电子商务。

今天看马云是一个好的企业领袖，可是当年的马云更像是一个让人没法信任的骗子。就如同他当年试图说服那些朋友们一起搞互联网一样，马云成功地说服了自己的团队，只是这种方式有些粗暴，他当年的话大意是这样的：你们好好干，以后可以当个中基层管理者，高管们我来请。

马云不仅仅是拿走了这些死心塌地的团队成员的钱，甚至还给了他们一个不太光明的前途，这也许也能算是商业史上的奇迹了吧。

启动资金的缺乏并没有阻止马云和他的阿里巴巴的成功。

阿里巴巴出现的时间正是互联网世界探索如何让商业和互联网联姻的时代，同时也是互联网发展的黄金时期之一，当马云的阿里巴巴和他的电子商务理念成功上线的时候，就引起了一些投资者的注意，他们希望在阿里巴巴还不算强大的时候进行投资。不过这一次，他们遇到了一个不太一样的对手。

马云很清楚自己从事的事业有多大的潜力，他对投资的挑挑拣拣和当年从团队手中筹钱的样子完全不同。甚至当最终选择到了称心如意的战略投资者时，马云依然对对方说"投资再少点"。基于同样的原因，在那个互联网企业上市大赚钱的时候，马云顶住了诱惑，拒绝了上市。这在当时让马云和他的团队失去了一个绝佳的赚钱机会，不过这样的选择却保存了阿里巴巴的精干力量，当互联网寒冬降临的时候，马云和他的阿里巴巴成了为数不多的幸存者之一，而这次幸存将会在未来的电子商务发展中带来更多的可能。

# 第一节　重新移师杭州，再次创业

在外贸部的时间，马云看到了很多事情，他看到了中国无数小企业希望能够借助外贸部这个平台推出他们的商品。但是外贸部的资源也有限，不可能满足所有小企业的愿望。更多的小企业因此变成了大企业的附庸，只能成为他们的支持者，在大企业的主导下分得很少的一部分利润。

能不能建立一个网站，让这些小企业都融合进入，以最小的代价获得一个渠道革命的机会呢？这是马云当时的一点思考。

这似乎有点难以想象，毕竟在外贸部磨炼了这么久，马云似乎更应该着眼于"更大气"一点的生意，比如大宗商品交易、国家间网上结算平台。这样的东西似乎才能符合"一个国家的气量"。没想到经历了这样的磨炼的马云，竟然想到放弃大企业，抓住小企业。

1999年元旦，马云对着那些从杭州跟他来北京的人说：有没有人愿意跟我回去做一个自己的公司，每个月500元，我不知道能不能成功。愿意的跟我走，不愿意的我推荐他去雅虎，照样拿高薪。

一月的北京还有些寒冷，大家都面面相觑。当年从杭州来到北京是马云的主意，如今，这位"老板"又要回到杭州。大家在外贸部的一段日子过得都不轻松，要求高，时间紧，工作压力巨大。当年从"中国黄页"跟随马云来到北京，大家也预计到了辛苦。到了北京，经过一年多的努力，终于把外贸部的网站做得有声有色，而且通过这个网站为外贸部争取了不少上档次的大项目，大家心里还是有一些自豪。

刚刚准备进入平稳的日子，马云的突发奇想就又要把大家带回杭州。这自然要耗费些精力好好琢磨。而且如同马云自己说的，他也不知道能不能成功。

北京的生活虽然辛苦，可是马云他们有外贸部的大生意做，大家的生活品质还是有基本保证的。在北京的这段时间，也正是中国互联网突飞猛进的日子，社会对于互联网人才的需求激增。拥有经验甚至技术的马云团队的成员找一个待遇优厚、日子舒心的工作也不见得是什么难事。就如同马云自己说的，不愿意跟着干的可以推荐到雅虎工作。这些能干的人到哪里都能有一份不错的工作。

就如同马云当年投入互联网一样，他的很多决定似乎都不太能够让人完全赞同。这次也一样。毕竟他自己在当时也没有非常明确的发展路线。虽然是为了小企业服务，但是究竟怎么服务，过程中需要解决什么问题，这些在他自己心里也没有完全的规划。他知道的就是这个计划一定能够成功，而且可以赚大钱。

如同人们不认同马云最开始推广的互联网一样，这个计划也充满了疑点。最终，马云凭借自己的人格魅力战胜了很多人的怀疑。既然马云能够在全中国都不知道互联网是什么的情况下组建了"中国黄页"，为什么他不能带领这些人再创造一个传奇呢？

于是，一些人选择和马云回乡创业，当然，也有人选择留在北京。后来，淘宝、"天猫"成了新的商业模式的典范，而大批的互联网公司倒在了进化的路上。

1999年3月，率队返回杭州的马云并没有像第一次创办海博翻译社那样租下一大间房子，而是在自己100平方米的房子里创办了后来大名鼎鼎的阿里巴巴。

## 在家里创建阿里巴巴

当时，马云除了提供出了自己的家作为办公室之外，真正的启动资金并不充足。他解决这个问题的方式是集资。1999年2月21日，马云把那些愿意跟着自己创业的人组织起来，要求他们把Pocket money（闲钱）全部交出来。

"启动资金必须是Pocket money，不许向家人朋友借钱，因为失败可能性极大。我们必须准备好接受'最倒霉的事情'。但是，即使是泰森把我打倒，只要我不死，我就会跳起来继续战斗！"①

"现在，你们每个人留一点吃饭的钱，将剩下的钱全部拿出来。另外，你们只能做连长、排长，团级以上干部我得另请高明。"②

这也许是世界上最霸道的融资行为，不仅要求台下的人把闲钱都拿出来，还明确地表示了他们都没有资格成为未来的合伙人，只能当一名"基层干部"。甚至连一个宏伟的蓝图都不愿意画出来，而是直接告诉人们失败的可能性很大。不知道这是马

---

① 赵文锴. 马云创业真经［M］. 北京：中国经济出版社，2011.

② 张刚. 马云十年［M］. 北京：中信出版社，2009.

云自信过满的结果还是他确实对于B2B和阿里巴巴没有十足的信心，总之，马云在这场筹资大会上只强调了自己将会努力下去，可是没有提到项目一定会成功。

这也许就是领袖气质或是人格魅力，即使是如此"粗暴"的方式，台下的人还是将自己的全部"闲钱"都如数上交，加上马云自己的，凑足了五十万元。

接下来，还要为公司选一个好名字。为此，马云的确是费了一番心思。因为名字关乎未来企业的发展。虽然定位服务小企业，但是马云的创业计划中却包含着服务全球的梦想。他心目中的理想的公司名字应该是一个全世界人都知道的名字，是一个能让人产生无穷联想的名字。

马云为阿里巴巴这个名字做了很多测试，最后确认了这个名字是全球性的、人类性的、几乎所有人都知道的一个名字。好东西自然有价值。马云选好了这个名字，也想到了可能遇到的困难：既然是一个好名字，那么也有可能已经有人叫了这个名字。经过查询之后，果然发现一家加拿大公司已经注册了这个名字。

马云有一个全球梦想，因此他不能允许自己公司的名字在世界的任何角落与其他企业重复。于是他出价一万美元从加拿大人手中买回了这个名字。要知道，这一万美元相当于马云全部启动资金的1/5。

不过后来的事实证明了这样做的意义，无论是苹果公司在中国诉讼一家中国公司侵犯其iPad（苹果平板电脑）商标权诉讼还是谷歌为了买回Google.com.cn的域名，他们都花费了无数的金钱和精力。当一家公司已经成功，他想买回属于自己的名字就变成了一件非常昂贵的事情。马云有一个全球梦想，所以他必须在起步的时候就为这个梦想付出。

名字选好了，潜在的纠纷也解决了，更加现实和骨感的问题摆在马云的面前：阿里巴巴怎么运营。自己这一百平方米的房子究竟会不会真的是一个保障，等待着有心人在门口轻轻地念一句"芝麻开门"就带来无数的回报，还是最终会变成现实对童话无情的鞭挞，这一切在当时都是未知，马云和他的团队当时所拥有的只有一个价值一万美元的阿里巴巴的好名字和服务小企业的理念，但是如何去做，似乎还需要时间来解决。

当时，在购买阿里巴巴这个名字时，马云还注册下了"阿里妈妈"、"阿里贝贝"的中文和英文名字，甚至注册了域名。这也许叫做未雨绸缪，也许叫做不务正业，甚至连主业都没有建立起来就开始谋划未来几十年的事情。不过这也许也叫做野心，正是因为有这种野心，马云才能有现在的辉煌。

今天已经很难考证当年马云花了一万美元购买阿里巴巴这个名字的时候，是不是和当时的创业者都进行了充分的讨论，更不知道当时有没有人反对他的做法，不过马云就是马云，他总是能把不可能化为可能，这也许也是所有这些人愿意跟着他一起干的原因，也是他们愿意把"闲钱"拿出来的原因。

也许当年那些人的名字如今已经不能找全了，也不知道后来他们是不是以阿里集团股东的身份拿回了丰厚的回报。不过他们当年那种付出和信任确实是今天成就阿里巴巴、成就淘宝，成就"天猫"的重要因素。据当时的一些亲历者后来说，他们对照着当年拍到的照片去看，似乎只有马云一个人的眼中闪烁着灿烂的光芒，坐在他身边的人眼中更多的是空洞和迷茫。他们知道眼前的人有决心和毅力，但是如同马云给当年那24个人讲述互联网一样，他们同样也希望能够明白马云心中的计划究竟是什么。虽然他们也知道，可能连马云自己都不知道所要追寻的究竟是什么，但是至少他相信自己能够成功。

这也许是创业中经常遇到的情景：只有一个人在说失败，而这个人其实最明白将要发生的事情，甚至也是最有信心的人。而其他人，他们也许不知道项目是什么，他们也许真的不知道项目能不能成功，但是他们愿意相信那个唯一知道真相的人，甚至愿意把自己的财富、生活都交给他，这就是一种信任。而电子商务最大的问题就是缺少这种信任，当马云和他的团队通过一个个技术、一次次改进解决了这些信任问题，他们的春天就真的不远了。

## 寻求商业模式

马云的心中有一个大梦想，他希望用一个无形的互联网把世界各地有形的小商人联系起来，帮他们搭建一个网上商圈。在这个虚拟的贸易体里面，他们可以以极低的成本进行交易，同时他们在这个贸易体中能够获得最直接、最快捷的供求信息。马云希望建立一个理想的网上交易世界，可以让没有广告费、没有渠道建设能力的小企业也能有一个和大企业同台竞技的机会。

马云会成功吗？至少在1999年的那个冬天还没有人知道。

任何企业，找到自己要做什么是最基本的。1999年创业时的马云对未来有两个深刻的判断，第一是中国将加入WTO（世界贸易组织），第二是中国的中小企业和民营企业将会快速发展。

这两个判断今天看起来似乎很顺理成章，但是当时却并不那么简单，更重要的是马云嗅到了这两个大趋势背后的金钱味道。

中国加入WTO是历史的必然，中国拥有当时世界1/5的人口，同时出口连年扩大，世界对于中国制造的依赖在加深，中国的影响力也在增加。因此中国加入WTO是历史的必然选择。而与众不同的是马云看到了如果中国加入WTO，那么必然带来对外贸易的增加，大批中国企业需要寻求更好的外贸路径。

中国企业需要打入国际市场，可是国际市场的主流份额都已经被大企业占据了，他们必然需要一种新的商业传播模式，甚至是一种区别于世界市场的新兴市场来做生意，这是一个潜力巨大的市场需求。

而另一个关于中小企业和民营企业的判断也被证实是正确的。过去的十年里，中国的民营企业成长速度和中小企业的发展都是有目共睹的，虽然发展的进程中遇到了一些波折，但是整体的趋势是好的。

可是从市场的角度去看，民营企业和中小企业有着一层坚硬的"市场天花板"，他们遭受着更加严重的市场压力。想要进入主流市场，他们需要付出更大的努力，可是以他们的实力和体量，却很难有足够的资金打破这个"市场天花板"。他们同样需要一个全新的、低价而高效的方法进入新的市场。

于是马云觉得自己应该帮助那些需要帮助的企业。"中国黄页"和外贸部的经验让马云觉得互联网就是这样一种工具，可以打破地理界限，甚至有希望打破市场上的各种企业的"阶级地位"，让他们有一个更平等的竞争环境。

1999年，马云受邀来到新加坡参加亚洲电子商务大会，这场大会让他开了眼界但是也受到了打击。

虽然名字叫做亚洲电子商务大会，不过参会的绝大多数代表都是金发碧眼的西方国家的人。更遗憾的是，会议上的各种例证几乎全部来自易贝、雅虎等这些西方公司，真正的亚洲本土企业根本就没有发言权。

会议上，代表们看好亚洲的电子商务市场，但是他们没有觉得亚洲会出现强有力的竞争对手。

当时的电子商务概念还没有今天这么完善，关于C2C和后来让马云步入事业高峰的B2C都还没有太成功的例子。虽然对拍卖模式已经开始有所尝试，但还远没达到成熟的地步。

当然，观察独到的马云在这个大会上又找到了三个可以赚钱的地方：第一，亚洲电子商务是一个潜在的爆发点；第二，亚洲还没有成熟的电子商务；第三，B2B模式是一个可以赚钱的好模式。

B2B，企业间交易，这也是马云曾经朝思暮想的一种商业模式。虽然成功地创办了"中国黄页"等一些商务网站，但是这些网站的"广告"属性似乎更强，也就是这些网站解决了"让别人知道你"的问题，但是还没有解决"让别人购买你"或者"让别人使用你"的真正商务交易的问题。

如果能实现网络上的企业互动，实现交易上网，那么阿里巴巴就突破了传统网站的意义，而成了一种新型的，真正意义上的电子商务网站。

于是，阿里巴巴找到了自己的商业模式。

不过对于马云以外的人来说，这个模式似乎并没有想象中的那么好。当时研究电子商务的人士普遍不看好B2B模式，认为这种模式过于简单，而且也没有什么能够盈利的方式。更重要的原因是如果真的建成B2B模式，就意味着寻找到了一个新的交易平台。有多少企业会使用这个交易平台，他们使用这个平台的动机是什么，能不能解决这个平台面临的交易风险、后台支持等问题。当时即使是那些早期发展起来的互联网企业也很少有大规模试水电子商务的，他们更多的是抱着"试试看"的态度，更不用说完全将电子商务作为公司的根本。

## 组织架构的发展壮大

1999—2000年，马云和他的团队在阿里巴巴的组织架构上下了很大的力气。1999年3月10日，阿里巴巴在杭州成立了"研究发展中心"。9月10日，阿里巴巴香港国际总部成立。2000年9月9日，杭州阿里巴巴中国总部成立。

很难想象一个企业还没有什么经营项目就首选建起了"研究发展中心"，同样难以想象的是一个刚刚成立半年时间的企业就急匆匆地在香港成立国际总部。而在一年半之后，这家企业又成立了中国总部，难道让中国众多大企业汗颜，甚至连国家都依然艰难推动的国际化道路，阿里巴巴这个中国企业的新丁在短短一年半的时间里就完成了吗？

看一下这个数据也许能够解释一些问题。今天的阿里巴巴拥有6100万企业客户，这个数字相当于一个小国家的人口总数了。阿里巴巴目前的B2B商务拓展范围已经触及了240多个国家和地区，这几乎是实际上所有国家的总数。在印度、日本、韩国，欧洲、美洲，阿里巴巴设置了70多个办事处来处理国际事务……

就像马云说的，阿里巴巴建设的初衷就是做一家国际性的公司，而不仅仅是服务中国企业。

也许正是这样的信念让马云早在创业第一年就急急忙忙运转起了香港国际总部，也许是同样的原因，马云在创业一年半的时间时就需要把蓬勃发展的国际业务和中国区的本土业务加以区分，以有效管理。不过不管理由是什么，最终的结果就是阿里巴巴仅仅用了一年半的时间就已经名正言顺地国际化了。

当马云和他的创业团队在自己的家中大谈理想的时候，不知道他有没有想过竟然可以在如此短的时间内就实现企业国际化的目标，更不知道那天和他在一起的那些创业者们在2000年时的感受，但是马云的企业走出了小小的一步。

通过联系整个国际市场，马云解决了客户拓展和被模仿的问题，他选择了一种相对安全的路径来帮助企业实现成长。当越来越多的小批量批发商和寻求快速供货或者快速回款的企业知道有一个叫做阿里巴巴的网站可以帮助他们时，越来越多的企业加入了这个网上的虚拟商圈，他们的加入让阿里巴巴网变得更加真实和有力。

当然，解决一个问题后，还有一个问题需要解决：公司的运营资金问题。快速拓展也好，商业模式的建设也好，网上交易的保证也好，甚至公司最基本的经营也好，这些都需要资金的投入，可是马云从哪里弄来钱呢？要知道，虽然当初阿里巴巴蓬勃发展，但是还远远没有盈利。而当时，中国的贷款体系也并没有适合阿里巴巴的贷款项目，如何解决资金困局？如何在世界都在质疑B2B能否盈利的情况下搞到钱，这又是一个摆在马云面前的头疼问题。不过实际上，早在阿里巴巴开始建设的同时，马云就开始着手解决这件事情，而且成效颇丰。毕竟，马云也是一个善于讲故事的人，而且他还擅长讲英语故事，就如同他能熟练地用英语给西湖边的外国人介绍西湖的美景和那些逝去的历史一样，马云同样能够用英语为那些外国的投资者描绘出一个难以抗拒的美丽愿景。

# 第二节　化解融资难题

钱对于一家企业的重要性不言而喻，一些经济学家将钱比作是企业的血液，只有有了钱，企业才能运转。有的时候，有没有钱甚至比能不能盈利更为重要。因为如果你在做一件正确的事情，只要能够坚持，就一定能够吸引别人给你钱，可是如果资金断了，那即使你有多么准确的市场判断能力，最后也难免落得破产的境地。

## 资金难题——如何获得投资

从阿里巴巴开始进入人们的日常语境开始，似乎这家企业就没缺过钱。甚至有人说，马云给自己的企业下了一个咒语，阿里巴巴就是这句咒语念法，只要有人说到这几个字，钱就会源源不断地流进阿里巴巴的账上。

1991年，马云初涉商海，一个月1300元的亏损就逼迫他不得不摆起了地摊；1997年，资金实力强大的杭州电信杀来，马云和"中国黄页"完全无法招架；1999年，当马云从北京略显落寞地回到杭州，多多少少还是受到了外贸部网站不能兑现当初承诺的影响。

马云的每次创业似乎都和钱有关。1999年，当马云在自己家里向着围着他的团队成员们描绘B2B的光明前景的时候，他也没有忘记要让他们把闲钱都拿出来凑一凑，好让阿里巴巴顺利运营。

钱之困，似乎是马云过去所有失败的根本原因。可是每次被钱击倒，他又似乎能够毫发无损地站起来。经历了无数次失败，马云有一种深刻体会：正确地做事远没有做正确的事重要。

1999年，当马云开始大张旗鼓地进入B2B模式时，人们对这种模式的了解还很少。这种模式怎么赚钱、能赚多少、能赚多久，这些都是问题。更何况，B2B赚钱在国内还远没有先例，从全球来看，当时美国的电商巨头亚马逊也正处在亏损中。那些财大气粗的风投能够用几亿美元砸一个B2B网站，可是对于更多的中小风投来说，一家体量微小，不会太烧钱的B2B似乎更合胃口。当阿里巴巴的香港国际总部正式挂牌的时候，这个聚集了众多国际投资者的小岛上就开始了传闻：一家有前途而又缺钱的B2B公司出现了。于是，马云也成了风投们投资的焦点。

不知道这对马云和阿里巴巴来说究竟是一件好事还是坏事。阿里巴巴缺钱吗？这个问题似乎很傻。当风投汹涌来袭的时候，阿里巴巴的账上经常是一分钱都没有。假如阿里巴巴账上的钱再丰富一点，马云也不会一直把自己的家作为公司经营地点，也不会让自己的妻子每天为团队做饭，更不会在家里的地板上随便放几个睡袋就当作员工休息室。

阿里巴巴真的太需要钱了。日常的运转、香港总部的开销，这些都需要雄厚的资金作为支持。创业团队贡献出来的50万早就不能支撑公司的运转了。可是即使如此，马云还是一次又一次地推掉了主动前来的投资者。

马云缺钱，但是马云更看重的是风投的质量。经历了"中国黄页"的股权变换和与外贸部合作无法兑现之后，马云更加能够理解什么是好的投资者，什么是良性的投资。他不能被钱冲昏了头脑。他需要钱，但是他还要等待，他需要等待一个能够让他心满意足的机会。

后来有人统计，在那段阿里巴巴最艰难的日子里，马云拒绝了38家风投的投资要求。很多风投在谈判失败后甚至恶狠狠地评价这个中国的创业者：真是疯了，给钱不要，给少了不要，给多了还是不要。

马云对待迎面而来的金钱有着极强的定力，一次又一次地拒绝了风投，可是对于迎面而来的人才，马云却是能用即用。

## 终获投资

蔡崇信，耶鲁大学博士，华尔街某投资公司副总裁。在公司遍寻B2B的战略投资对象的时候，蔡崇信听说了马云，听说了阿里巴巴。随后他就从美国飞到了中国，亲自和马云见面。

他的本意自然是希望考察这家备受争议的网络公司，不过没想到，经过四天的深谈，蔡崇信竟然被马云说服辞去副总裁的工作加入阿里巴巴。这更是创造了资本市场上的一个佳话，而马云和阿里巴巴的融资价值也自然升高了不少。

1999年10月，经过千挑万选，马云终于接受了一笔来自高盛集团的500万美元的风险投资。这时距马云创建阿里巴巴只有7个月，而距离他创建阿里巴巴香港国际总部只有1个月。

这似乎是一个奇迹，不过更加传奇的还是他和软银的孙正义关于投资的讨论。

在马云接受了高盛集团的500万美元的注资后，马云见到了一个叫孙正义的韩裔日本商人。

　　孙正义在日本商界算得上是一个传奇人物。在日本接受了小学到高中的课程后，孙正义来到美国求学，经过预科学习，孙正义进入了伯克利分校并顺利修满学分。但是由于急于返回日本，他提前一周离校。因此他至今都是一个没有毕业证的伯克利分校的毕业生。

　　回到日本的同一年，23岁的孙正义花了一年半的时间以公司名义对四十多个行业进行考察，以判断哪个行业适合自己。24岁时，他创办了日后著名的软件银行集团（以下简称软银），专门从事软件投资。后来因经营问题几经转行，但最终还是回归到互联网投资领域。

　　1999年，42岁的孙正义认识了马云，交谈仅仅几分钟，孙正义就提出了一个让马云意想不到的问题：你需要多少钱？

　　马云没有回答。软银从1995年开始投资雅虎，1999年时的软银已经是一家著名的互联网投资商。作为常年在互联网业态打拼的马云自然对孙正义和软银不陌生。但是拒绝了众多风投的马云还是习惯性地没有回答。

　　"我给你4000万。"见马云没有回答，孙正义主动开出了价码。

　　"我用不了那么多。"马云回答。四千万是以美元为计量单位的，在当时可以换算成3亿多的人民币，和当时杭州电信打垮"中国黄页"时的资金量一样。这些对马云来说太多了，第一轮交锋马云没有同意。

　　"3500万？"孙正义继续开价。

　　"我考虑一下。"马云还是没有答应。回到杭州的马云越想这件事情越觉得奇怪。

　　"我拿那么多钱干什么？"[①]

　　对于马云来说，他当时已经对自己和阿里巴巴的资金需求了如

---

① 王宏宇.马云之痛：支付宝VIE的罪与罚［J］.南都周刊，2011（7）.

指掌。他很清楚自己需要多少钱。加上之前失败的经验，马云觉得钱太多了对自己也没什么好处。就像古老的希伯来寓言一样"只拿走需要的"。马云以这样的标准计算了一下，然后告诉自己从华尔街投资公司挖来的融资顾问蔡崇信：我要2000万美元。

于是，蔡崇信带着马云的要求来到日本和孙正义谈判。开始，孙正义坚持投资4000万美元，蔡崇信拼命压低投资额，最后向马云汇报：3500万美元，这是孙正义的投资要求。

马云几乎不假思索地拒绝了：2000万美元，我只需要这么多，如果不行就算了。为表正式，马云还给蔡崇信专门写了一封信，并对孙正义说：对不起，我只需要这么多。

2000年1月，孙正义正式向马云投资2000万美元。不知道这是不是风险投资领域不太常见的一种投资谈判，出资方拼命地希望多投入一点，而接收方则千方百计地希望对方少投一点，尤其是在公司本身的资金和盈利状况还没有那么完美的情况下。这也许就是对自己的公司充满自信的表现吧。

日后的事实证明，马云的选择是非常正确的。日后，软银帮马云收购了雅虎，从阿里巴巴彻底退出，孙正义净赚了3.5亿美元，不过却没因为投资者的身份对阿里巴巴施加任何不良的影响。这就是马云对于风投的最基本的要求。

马云不是一个贪得无厌的人，也不是一个想要借公司敛财的人，他是一个踏踏实实想要做点事的人，这也是为什么在那一轮互联网投资冲动下，马云还能坚持自己的原则，坚持自己对于引入投资的底线的原因。

不过峰回路转，创业必然难以一帆风顺。2001年的到来还是给马云带来了大麻烦，甚至让马云和他的阿里巴巴都有了一种性命攸关的感觉。

# 第三节　度过严冬

2000年1月，在拒绝了风投和不断要求软银降低投资额度的情况下，马云为他的阿里巴巴完成了第一轮2500万美元的战略融资。而2000年是阿里巴巴发展速度最快的一段时间。不断拓展的国际业务让阿里巴巴在2000年9月不得不在杭州设立一个"中国总部"来实现管理。

## 上不上市？

阿里巴巴的帝国渐渐成型，而一个新的问题摆在眼前：阿里巴巴需要上市吗？

也许是受到"千年虫"① 恐慌的后续影响，2000年的互联网世界有了与以往不太相同的特点。投资大佬们不再满足于传统概念的

---

① 千年虫，2000年时计算机系统面临的重大潜在技术威胁。由于当时的计算机计时方式都是以两位数进行，例如"98"、"99"等，2000年计数将显示为"00"，全球的计算机系统都面临时间归零所带来的风险。

软件、搜索，而希望一些新概念的出现来化解互联网概念股的投资瓶颈。

也许所有华尔街的投资人都知道，互联网类企业的股价太高了，但是没有人愿意相信这个事实，更多的投资者涌入，更多的投机者希望从股价的持续上涨中获利。每个人都知道互联网可能存在泡沫：毕竟搜索人数达到几亿又有什么意义呢？如果互联网找不到赚钱的方式，这些股票还有什么价值呢？

市场的恐慌中必然出现新的概念，B2B的出现让投资人有了新的想象空间。和那些摸不着的大众搜索相比，B2B显然是比较靠谱的，毕竟企业和企业之间的交易是真金白银，即使只是收一点会员费也能赚钱。于是越来越多的人开始投资电子商务类股票。电子商务俨然成了一个新的概念股分支，成了承接互联网泡沫的避难所。

这是一个上市的好时机。马云也很清楚，如果这个时候上市，将会获得极好的市盈率①，将会让阿里巴巴财源滚滚。

不过还是那个最基本的逻辑阻挡了阿里巴巴上市的脚步：我要那么多钱干什么？

如同当年马云拒绝孙正义的4000万美元一样，今天的阿里巴巴如果上市，将可能带来巨大的收益，但问题是阿里巴巴要那么多钱干什么？2000年的阿里巴巴确实在扩张，但是这些扩张真的需要那么多钱吗？上市确实能带来大量的现金流，但是这些钱对阿里巴巴来说有什么意义吗？如果这些钱不能转化成阿里巴巴的技术、客户和服务网络，那么这些钱就相当于浪费了。如果玩不好，还会给阿

---

① 市盈率，指在一个考察期（通常为12个月的时间）内，股票的价格和每股收益的比率。这是用来衡量股价水平是否合理的指标之一。

里巴巴带来巨大的财务负担。

没有办法解决最基本的问题：我要那么多钱干什么。所以，上市也就变得没有意义。在马云的构想中，阿里巴巴要做一家102年的企业，这家企业不是一家昙花一现的企业，也不是一家仅仅为了上市而圈钱的企业。一家梦想中的企业必须脚踏实地，一步一个脚印地走出来。面对上市和发展的命题，马云选择了后者：扩展阿里巴巴的国际性，提高阿里巴巴的技术性。

这是一个幸运的选择。2000年，当其他电商都在想办法捞到更多的钱的时候，马云和他的团队则在专心挖掘市场。他们需要解决阿里巴巴最基础的两个问题：客户和技术。

在短短的一年里，阿里巴巴完成了很多企业花了十年甚至更长时间才完成的国际化路线。2000年，阿里巴巴的国际布局不仅深入到了"互联网圣地"的硅谷，还包括金融之都伦敦和必不可少的中国香港地区。阿里巴巴的员工也从马云的私宅里一起创业的十几个人变成了来自13个国家的不同肤色的员工。

阿里巴巴真正成了一家跨国公司。

2000年，马云成了《福布斯》杂志的封面人物。作为一个企业龄两年的老板，马云获得了世界主流企业界的瞩目。

"像拿破仑一样的身材，和拿破仑一样伟大的志向。"《福布斯》不惜笔墨，用这样的盛誉来赞美马云。

随着马云进入主流商务人士的圈子，阿里巴巴也被更多的欧美企业家接受。很快，阿里巴巴就由一个中国的地方小企业变成了一个真正的"国际知名企业"。2000年，阿里巴巴也被评为全球最佳B2B网站。

在获得诸多名望的同时，阿里巴巴的注册数和点击量也一路飙升。这些点击已经跨越了区域的概念。阿里巴巴的网上商圈已经初具规模。

很难说是马云成就了阿里巴巴，还是阿里巴巴成就了马云。总之，伴随着马云和阿里巴巴这两个名字进入大众传播阶段，马云和他的团队也暂时不需要那么辛苦地为顾客的问题去打拼了。一个基本的问题暂时得到了解决。

## 技术难题——如何提高运营质量

第二个问题似乎就有些困难了：技术。

电子商务，本质上其实就是搭建一个网上的交易平台。但是如果说让顾客通过注册去把自己的信息挂在网上还比较简单的话，那么，真正的交易平台上复杂的规则和技术则复杂了不止一点两点。

网络是一个虚拟的世界，这里没有实体经济中的种种限制。你可以跨越地理界线去进行交易，同时也能忽略现实交易中复杂的中间环节。不过正是因为缺少了现实世界的种种限制，也让网络商圈需要的规则更加直接和有力。

同时，一个虚拟的世界也并不完全脱离于现实世界。虚拟的商圈和交易最终还是需要落实到实实在在的经营中。网上的交易意向还需要受到现实世界的法律、规范和客观条件的制约和影响。如果一个网站仅仅是提供了大量的资讯而没有一些协助交易进行的技术手段，那么这个网站充其量也只不过是一个信息交换的网站，而远不能成为一个真正的B2B虚拟商圈。

这是马云需要解决的问题。在用户爆棚的前提下，如何提高阿里巴巴的运营质量，提高交易成功率，保证信息的真实准确，这些都是马云和他的团队需要解决的问题。

但是时间没有给他这个机会。2001年，一场席卷互联网的严寒降临。从4月开始，纳斯达克的网络相关企业的指数一路狂跌，各种互联网企业纷纷倒闭。遭受了全行业的危机，马云和阿里巴巴自然也不好受。从4月到10月的6个月时间是阿里巴巴最危险的时刻。资金紧张，经营受挫，原有的技术、计划也都受到了影响。这一段日子的窘迫甚至比马云在家里创业时还严重。于是，一场阿里巴巴艰难的全球瘦身开始了。

从严寒来临的那一刻起，马云就从《福布斯》杂志的盛赞中清醒过来了。拿破仑不拿破仑无所谓，阿里巴巴毕竟还是一家新生的公司，快速的扩张必然带来不稳定的因素，尤其在这一轮猛烈的严冬中，阿里巴巴必须将有限的资金用在最需要的地方，不能再继续盲目地"烧钱取暖"了。不知道这时的马云对当年拒绝风投和大资金入股有何感想，他是不是会后悔没有接受他们的好意。如今，在一片市场萧条中，再想找钱也没有那么容易了。

于是，马云的一场全球收缩又开始了。从硅谷、伦敦和香港撤退，削减不必要的海外机构。阿里巴巴不能变成一个虚胖的公司。

不知道是不是一种巧合，或者完全是有意而为之，马云把这次瘦身计划称为B2C——"Back to China"。当这次瘦身结束，马云削减了大量海外雇员，阿里巴巴的战略重心又重新回到了中国。

"幸好当时没有上市。"这是很多阿里巴巴的老员工回忆起那段时间的一种感慨。如果上市了，阿里巴巴可能会有更多的钱，但是受到市值的影响，这个公司的贷款、经营都可能受到更严重的打击，甚至倒闭也有可能。

看似幸运，却来自于一种坚持。一个真正想做企业的人不会被眼前的一点小利所迷惑，阿里巴巴顶住了上市圈钱的诱惑。而这种坚持也将为马云和他的阿里巴巴带来新生。

当2001年的互联网寒冬逐渐消退后，马云来到日本，向孙正义汇报阿里巴巴的经营情况。当听完马云的报告，孙正义不无感慨：你是唯一一个和原来说的一样的人。

当金融风暴来袭，将投资重点放在网络相关产业，孙正义和他的软银的资产缩水了95%。当年他看好的那些互联网企业有的股权重组了，有的转行了，有的甚至直接倒闭了。而只有马云和他的阿里巴巴还坚持在做B2B，还坚持了虚拟商圈的梦想。当前来汇报的CEO们忙着向孙正义证明自己将在明年解决财务问题的时候，只有马云在讲自己对于未来电子商务的构想和阿里巴巴今后的规划。

坚持到最后的要么是悲剧的勇者，要么是最终胜利的智者。马云究竟是哪一种，2001年还没有给出答案，不过在坚持互联网梦想的孙正义眼中，能够挺过2001年这个寒冬的，必将成为英雄。

# 第五章

# 从互联网企业到电商模式

互联网企业和"电商"，从一个仅仅懂得使用淘宝的用户角度来说似乎没有什么不同，可是对于真正的创业者来说这两个称谓却是探索与成熟的分界点。当一个人在互联网世界打拼的时候，他可以称呼自己的企业是互联网企业，网络的多变也让他有着无数的可能与选择。但是如果他开始叫自己是一名"电商"，那么就说明他已经决定了自己在这个虚拟世界中的方向。

2001年的互联网寒冬让很多互联网企业都悄无声息地消失了，要不要坚持互联网创业成了一个需要认真考虑的问题。当寒冬过去，站在幸存者角度去思考互联网的马云和阿里巴巴也并不能独善其身地脱离互联网的大环境去庆祝生存。虽然危机过去了，但是接下来的路如何走，这依然是马云和他的团队需要面对和解决的问题。

互联网寒冬的经历让人们对互联网，尤其是互联网的商业应用有了更深刻的认识。人们认识到仅仅依靠新技术革命的噱头和用户的积累并不能解决如何赚钱的基本问题，互联网企业也并不能完全脱离商业的基本逻辑，解决不了盈利问题的企业同样是没有前途的。

而对于更加专业的互联网创业者们来说，确定商业模式似乎是一个更加迫切的问题。如果一个企业希望在互联网环境中继续生存下去，那么它必须明白自己的企业将要做什么以及将要做的这些事情究竟能带来多少收益。

马云是一个坚定的创业者，他自然知道商业模式的重要性，可是究竟应该如何建立商业模式，这是一个非常大的命题。

从互联网出现的第一天起，人们就对它的商业潜力充满了期待。所有人都觉得这个新生的技术将带来商业形态的变化。不过互联网是一个新生儿，随之而来的商业模式探讨同样也没有真正成熟。

电子商务带来的诱惑让人们对它的商业模式有了很多设想，B2B、B2C、C2C，众多的商务模型都有了基本的框架，不过问题是，互联网寒冬刚过后，还没有人可以说自己和自己的公司是真正成功的。

互联网寒冬过后，马云也不得不思考自己的商业模型的问题。在互联网商业模型的探索中，C2C似乎是最成熟的电子商务模型。从"易贝"的拍卖模式中，人们看到了互联网商业的前途。

不过这其实并不是人们对于互联网商业最初的盼望，人们最早想到的是B2B商业模式，也就是借助互联网的灵活性，建立企业与企业之间的联系。

这应该是最容易突破的电子商务领域。企业之间的交易更加频繁和可控，也不需要考虑更多的信任问题。理论上，这种商务模型应该更加容易开展，可是这并没有变为现实。实际上，在互联网寒冬中消失的更多的就是这种B2B企业。

不过马云却对自己的B2B非常有信心，他坚持让自己的企业走B2B模式。

这可能是他对于电子商务的判断，也可能来自于多年的外贸经验。当年，马云翻译社的主要服务对象就是进行外贸的各种地方企业，他们的市场开拓能力有限，是最迫切需要互联网的群体。马云相信，自己的互联网电子商务必须定位为服务外贸、服务中小企业，他的宗旨就是坚定地"让天下没有难做的生意"。这种理念在后来阿里巴巴的发展中起到了重要作用。

寻找一个成熟的商业模式为马云和阿里巴巴找到了发展的支点，让阿里巴巴未来的发展也显得顺风顺水。这也许就是一个坚定而有远见的创业者的成功经验吧。

# 第一节　坚持B2B

在2001年的互联网寒冬中，一大批网络公司被淘汰。在巨大冲击中，一些互联网企业都转型其他领域。尤其是专营B2B的一些网站，在盈利前景不明确的情况下，一部分转型、一部分倒闭。在严酷的环境下，B2B这个新生不久的市场就经历了一场严峻的考验。

困境之中，阿里巴巴该如何活下去？

对于马云来说，2001年也是一个难以忘记的年份。在4月份之前，阿里巴巴延续着2000年时的高速发展，但是当严冬来临，阿里巴巴也无法独善其身。全球的收缩让人们质疑这个新生的快速发展的企业是不是同样是互联网的泡沫奇迹，更让人觉得阿里巴巴是不是在疯狂的扩张中坏了基础，身体虚胖。

马云无暇顾及人们的质疑，对于他来说，当前最严峻的任务是考虑如何让阿里巴巴活下去，甚至是要不要让阿里巴巴活下去。在局面还没有到不可收拾的地步时，马云可以撤出。多次创业成功又失败，对于他来说，似乎多一次东山再起也不是什么大问题。

一个忠于自己信念的人自然不会轻易选择逃跑。虽然面对的是严峻的互联网大形势，但马云还是坚持了自己的判断：B2B有着无限的潜力。

经济发展是客观的、必然的发展规律，互联网世界是一个虚拟世界，可是逃脱不了经济规律的支配。当马云决定全面收缩的时候，就已经意识到一个艰难的时刻已经来临。中国庞大的市场和巨大的潜力让马云和他的阿里巴巴能够活下去，可是活下去之后应该干什么呢？马云显然不愿意就这样白白浪费一年的时间。

对于马云来说，快速拓展的顾客群体解决了阿里巴巴的运营问题，接下来的问题就是怎么提升阿里巴巴的运营品质。同样的，还需要解决阿里巴巴怎么赚钱的问题。

从阿里巴巴设计的初衷来说，其实与马云建设的"中国黄页"和外贸部的网站有着很多类似的作用，他们都是将公司信息上传到网络，打破生意的地理界限。

无论如何变化，信息技术的本质是信息流的传递，从这点上来说，阿里巴巴和"中国黄页"的功能是一致的。

但是随着信息技术的发展和普及，单纯做一个网页已经不能满足企业的需求，他们需要更加专业的信息检索、供求信息甚至网上直接交易系统。显然，"中国黄页"的设计理念已经跟不上时代了。同样的，"中国黄页"当年一个网页2万元的盈利模式也明显不能支持阿里巴巴，毕竟到了2000年，网页制作技术的普及程度已经远远高于20世纪90年代。

那么阿里巴巴究竟应该怎么走？

从阿里巴巴上线之初，其作为商人之间的信息交流媒介的属性就比较鲜明。拥有大量用户基础的阿里巴巴可以做到信息的快速更新，商人们可以在这个平台上找到自己需要的交易信息。不过这显然也并不能完全实现阿里巴巴帮助中小企业的目标。

## 内部改革，逆势盈利

2001年，当收缩战略已经明确的时候，马云知道，一个打牢基础的时机到了。于是一场技术革命在阿里巴巴内部悄然展开。

说是革命多少有些夸张，对于阿里巴巴本身来说，这其实不过是对于自身技术架构的调整，是打牢技术基础的过程。

刨除后来的支付宝、淘宝等衍生产品，阿里巴巴本身包括三个主要市场结构和四个技术特点。

在目前成熟的阿里巴巴网站结构中，主要包括三个主要的市场，分别是中国市场、日本市场和除日本之外的国际市场，分别针对不同的商人。中文站的建立是阿里巴巴的基础，也是阿里巴巴能够抵御各次冲击的基础之一。而日本站的设立在一定程度上和孙正义这个日本股东有关。2001年互联网严冬之后，孙正义作为阿里巴巴的顾问加入了马云的阿里帝国。在他的帮助之下，阿里巴巴也逐渐在日本站住了脚。

1999年参加互联网大会时，在看到讨论亚洲电商问题的会场上到处都是外国人后，马云决心要建立一个真正属于亚洲人的电子商务市场。而中国站和日本站的设立和运行已经基本标志着亚洲市场至少是东亚市场布局的完成。而此外的国际站——针对世界上所有国家的网站——则是为了真正和世界其他国家进行业务往来的网站。

在基站框架的基础上，每一个阿里巴巴基站，甚至基站中的附属站都突出了四个主要特点：信息流、本土化、免费会员与增值服务。

信息流是阿里巴巴的基础。网页展示是马云的拿手好戏，这也是阿里巴巴的基本功能。依托庞大的注册商人群体，阿里巴巴提供了海量的交易信息。在阿里巴巴的框架中，共有30个左右的细分市场，产品分类接近1000种，每个时间点上的供求信息都数以十万计。此外，阿里巴巴还拥有公司库，让企业不仅能够在某个时点上发布或者获取交易信息，还能像百货商场一样长期占位经营。

本土化是阿里巴巴的又一个特点。无论你身在何处，使用什么网络接入，阿里巴巴都尽力让接入的用户使用自己的本土语言。通过刻意营建的这种本土化的语言环境，大大提高了阿里巴巴的网上交易效率，也降低了网上交易的门槛。

免费的会员注册制度是阿里巴巴积累会员的重要基础。2001年7月，阿里巴巴网的日均会员注册量就已经到达1500人之多。每月询盘达到数十万次，页面浏览量数千万次。免费让阿里巴巴成了一个异常活跃的市场，每天大大小小的商人为阿里巴巴贡献了无数的供求信息，也让阿里巴巴保持了吸引力。

增值服务是阿里巴巴盈利的主要手段之一。这些服务有网页设计、诚信通等，这些功能的使用解决了B2B最基本的盈利能力。

此外，阿里巴巴网还提供了很多复杂的商业服务功能，从最常见的企业链接到更为复杂的空运、海运、保险、税务，甚至货币转化、征信等基础金融服务。强大的后台和易于操作的界面，灵活的盈利模式、免费注册，这些都让阿里巴巴与当时的B2B网站有了很多鲜明的不同。

而这些，都是在2001年的那个互联网寒冬前就开始搭建甚至投入使用的。当互联网寒冬到来，大家都在思考怎么活下去的时候，马云已经在考虑怎么让他的阿里巴巴网活得更好了。

经过一年的技术调整，阿里巴巴网基本解决了各种技术和后台支援问题，也为未来的发展预留了空间。

既然认定了发展方向，与其在严冬来临的时候一味逃避，不如主动出击完善基础。阿里巴巴网边收缩边调整，当严冬过去，自然一发而不可收拾。

2001年7月，当严冬还未完全过去的时候，阿里巴巴网的会员数目就达到了73万，来自202个国家。虽然这和后来阿里巴巴数千万的会员相比还很弱小，不过在互联网寒冬中，在其他B2B企业为了生存而发愁时，这显然是一个不菲的成绩。

特立独行必然带来奇迹。在每个月都有互联网企业倒下的时候，阿里巴巴却每个月都有新产品推出。这些产品简化了网上交易的流程，提高了网上交易的安全性，更重要的是增强了阿里巴巴的盈利能力。

2002年，阿里巴巴至少要赚一块钱。这是寒冬中的马云给自己定下的目标。

几乎没有人相信在那样严峻的形式下，一家刚刚运营两年的互联网企业还能盈利。但是阿里巴巴成功了。2002年，阿里巴巴B2B事业正式宣布盈利，马云又完成了一个看似不可能的任务。

当阿里巴巴宣布这个消息的时候，也有人不敢相信，更有人发出质疑，但是数据说明一切。每天接近3000笔的交易，其中蕴含的收入可想而知。

事实是会说话的。阿里巴巴和马云的脚步也不会被一点质疑而阻滞。当所有人还在感叹阿里巴巴的奇迹的时候，马云已经有了下一个计划。经历了两次互联网创业失败的马云知道，在互联网的世界中，不变就等于后退，必须不停地改进自己，才有可能不被模仿。

2002年，互联网寒冬虽然已经过去，但是还远没有达到恢复繁荣的程度。从一片大萧条中坚持下来的互联网企业环顾四周，发现阿里巴巴已经绝尘远去。但是阿里巴巴的征程才刚刚开始。

　　2002年过去了，2003的阿里巴巴又会给互联网世界带来些什么呢？

# 第二节  网络"地摊"——淘宝网

2002年，阿里巴巴以不可思议的声势横扫B2B领域。世界在感叹，从互联网诞生起就一直被那些"骨灰级"的互联网创业者们当作梦想的B2B盈利难题竟然被一个小个子的中国人给解决了。

## 阿里巴巴的初步成功

当互联网进入人类视觉的时候，就有人预言了这种技术广阔的商用前景：因为可以打破地理界限，互联网必然将进入商用，让无数的商人在一个虚拟的环境中交易，这将是一个巨大的市场。

可是，在2000年左右，全球的电子商务业产业链还没有成熟，从事电商业的公司也为数不多，而且当时刚刚渡过互联网严冬，很难找到真正盈利的电商企业。到了2002年，阿里巴巴首次盈利，才真正让电子商务从一种纯粹的理论畅想变成了可以赚钱的生意。

2002年阿里巴巴的盈利带来的影响不亚于一场革命。即使今天，电子商务已经日渐成熟的时候，我们依然能够看到当时马云成功后带来的影响——还有一些站点虽然已经鲜有人点击，但它们仍宣传着电子商务的神奇。

阿里巴巴的成功是一种新技术带来新市场的成功。阿里巴巴的启示在于你可能不需要投入太多的资金，只要能够编写网站，你就可能成功。这是一种几乎"麻雀变凤凰"的神奇概念，一个真正赤脚的创业者可以抛开一切的资源限制、人脉关系而成功。从这个意义上来讲，阿里巴巴的成功不仅仅是一家公司的成功，它还点燃了无数人创业的渴望之火。这也许就是人们至今还痴迷马云，痴迷阿里巴巴的原因，因为相信这个奇迹就相当于相信自己有可能也在一夜之间成功一样。

不过马云知道，阿里巴巴的成功并不是他所期待的最终的成功，他还有一个更加朴素的愿望，那就是：服务中小企业。而阿里巴巴似乎还没有真正实现他的目标。

阿里巴巴的门槛很低，你甚至不需要支付手续费就可以享受它的服务。阿里巴巴给了中小企业一个开拓新的营销渠道的机会，但是从更本质上来说，阿里巴巴归根结底还是一家批发型的网站。在阿里巴巴这个平台上经营的是有一定规模的货物数量。而马云心目中的小企业，还包括那些"摆地摊"的微小经营者，这也许和他自己那段"地摊"经历有关吧。

如果放弃那些数量最大而同时又是真正的赤贫阶级的"地摊主"，那这个电子商圈还完整吗？显然不完整，马云必须再想出一个主意，他必须让所有的摊主都有机会把"地摊"摆到网上，这才是真正的电子商务的胜利，才是真正的赤脚贫民翻身的机会。

让所有人都拥有一个平等地与大企业掰手腕的机会，这也许是一个臆想。不过马云去干了，他真正去把"地摊"都整合到了他的网络世界中。可能在他之前，都没有人真正思考过数量庞大的"地摊"将会带来多么巨大的交易量，而这种交易量又蕴藏着多少商机。

## 淘宝网诞生

2003年，淘宝上线了，又一个划时代的商业模式诞生了。这一年另外两件事分别是中国爆发了"非典"和国家统计局的数据说明中国被压抑的消费欲望正在觉醒。

"非典"爆发让中国的经济遭受了严重的打击。人们不敢出门，不敢去餐馆吃饭，也不敢上街去逛街购物。也许这就是马云创办淘宝的灵感触发点，也许这就是为什么淘宝诞生在马云的家里的原因。也许正是这种不能出门的尴尬让马云突发奇想：如果让人能在网上逛街是一件多么有意思的事情啊。

而另外一件大事则让淘宝网有了赚钱的机会。

2003年，中国改革开放20多年的时间，长期的出口加投资模式支撑中国快速改变了国家的面貌。但是在这快速发展的同时，是人们消费欲望长期受到压制，消费市场长期不旺的现实。

人们有钱了，该消费了。可是传统的商业模式似乎还没有足够的能力满足人们的消费欲望。经历了压抑的时代，全民消费的时代即将来临，而唯一能够和全民消费相匹配的就是全民经营。这将是一个巨大的市场，至少在中国，这将会是一个无可比拟的市场。

淘宝诞生了，不过如同阿里巴巴一样，这个新生儿同样没有获得太多人的祝福。

淘宝代表的是一种新的电子商务模型，C2C，这种电子商务模型的含义是顾客对顾客，也就是个人之间的自主交易。这实际上是电子商务最早的成熟构型，这种模式的成长甚至比阿里巴巴所代表的B2B模型还要早。在淘宝诞生前，亚马逊、易贝都尝试了这种模型，不过遗憾的是他们都没有真正实现盈利。

马云的阿里巴巴成功了，有人说也许他应该试水B2C，也就是企业对个人业务，这相当于把现实中的交易搬到网上去做，这样的难度相对会小一些。而且马云毕竟不是什么投资银行的老板，阿里巴巴也没有那么多钱去烧。更何况，拥有众多战略投资人的亚马逊和易贝也对中国市场非常感兴趣，只是马云敢于在离开"中国黄页"后再次尝试在竞争中生存吗？难道他不怕自己再被这些对手携带巨款打垮吗？也许这一失败，将会连好不容易做起来的阿里巴巴都赔进去，毕竟阿里巴巴成功多少有些运气的成分，当时是互联网寒冬，而其他大企业还都没有成熟的B2B方案。

不过这次，马云就是想要以卵击石。

很多人预测马云将会遇到三个解决不了的问题：第一就是打赢不了易贝这样的国际对手，第二就是解决不了支付问题，第三就是解决不了物流问题。

C2C的世界和B2B的世界不同，B2B代表着公司对公司，企业对企业，是两个组织之间的交易，这种交易的信用度相对较高。同时，组织对组织的交易已经发展成熟，现代商业发展了几百年，国际贸易也进行了几百年。虽然交易的场所换成了网络，但是一切都有现成的交易规则和流程，阿里巴巴要想做成一个成功的B2B商圈，只要把这些规则翻译成程序在网上呈现就可以了。

不过C2C则完全不是这样。个人与个人的交易不可能像企业间交易那样有众多的制度保证。这种交易可能是随机的、随意的，甚至可能是单次的，这就要求交易的双方必须在一个可以互相信任的环境中进行交易。不过这并不容易，规范个人的行为比规范企业的行为要困难得多，这就和为什么淘宝必须解决支付问题一样。

同样的，物流问题也是一个看似无解的命题。B2B的商业活动，只需要几个航运或空运公司的链接就可以解决。B2B的交易虽然看似中小企业的交易，但是相比C2C，却是大宗和规则的。现有的物流网络完全可以解决这些问题。

但是C2C则完全不同。一方面很难保证在同一条配送线上有足够多的货源作为支撑，另一方面是如何解决"最后一公里"的问题。即使能解决发生在不同城市之间的买卖物流问题，可是有什么有效的途径能让物流公司把货物送到买家手上吗？

三个问题，哪一个都是致命的，哪一个都是无解的。可是马云却看起来毫不在乎：怕什么，总能解决。

于是，在一片质疑声中，马云的淘宝在自己的家里"悄悄"地上线了。这时似乎没有人真正知道淘宝将走向何方，甚至淘宝究竟有没有机会开始自己走，唯一能够确认的事实就是淘宝真的上线了，除此之外，别无其他。

# 第三节　淘宝、易贝之战

2003年，当人们都在家中躲避"非典"的打击的时候，马云却在自己的家里发现了商机。一个划时代的作品——淘宝面市了。

## 强大的竞争对手——易贝

当然，围绕淘宝诞生也有很多传奇故事，一些说法是马云其实早就看中了C2C的强大潜力，只是一直对外散布C2C前途惨淡的烟幕弹。2003年4月，眼看时机快要成熟的时候，马云叫了几个高管在签署保密协议的前提下透露了自己的计划。甚至还有传闻说马云是在孙正义的"指使"下成立了淘宝，以在互联网市场上与当时同样由孙正义投资并在互联网上拥有巨大影响力的雅虎一起与易贝展开一场竞争。

当然，这些传闻都无从考证，但是就如同人们预言的那样，淘宝上线伊始，易贝就与之展开了竞争。

1999年，一家中国本土网站易趣成立。这家应用电子商务理念的公司在2000年时完成了两件大事，一件是开创了24小时热线服务，另一个是收购了当时的手机直销网站5291，并以手机直销为突破口，开始尝试B2C，即企业对顾客的电子商务模式。

2002年，易趣与易贝联盟，组建了eBay易趣。eBay易趣沿袭了美国eBay的经营模式，采取网上拍卖的形式在中国开拓C2C模式。

拍卖是一种在美国白领阶层中广泛流传的私人交易形式。在美国的一些社区里，每逢周末，人们都会把自家不用的旧物件拿出来摆在院子或者车库里，路过的人看中了什么就会买下来，而如果几个人同时看中了一件东西，他们就会开展竞价拍卖。这种形式后来还发展成了一种颇有特色的慈善活动。

易贝的C2C商业模式正是模拟这种美国白领中常见的拍卖形式，让私人可以将自己的物品上传到网上，然后面向全球网页"拍卖"。

易趣和易贝联盟后，易趣的网络经营模式也模仿了易贝的美国营销模式。为了保证盈利，易贝从每笔交易额中提取3%的交易手续费，这同样也被易趣带入了中国市场。

作为经营模式相同的两家公司，摩擦自然不可避免。在淘宝上线的新闻发出后，当时易贝全球总裁梅格·惠特曼就发出了"诅咒"：淘宝最多只能存活18个月。

说是"诅咒"也可能并不准确，因为这个判断其实是在基于当时的网络环境下，梅格·惠特曼对淘宝未来的一种判断。

今天，无论一个网络创业计划的目标点是什么，这个计划必须足够吸引人。尤其是C2C这种需要大量人员基数的运营模式，如果吸引不到关注，那么这个计划一定会失败。

从这个角度来分析，当时的淘宝处于绝对的弱势地位。

首先从名气上，当时的淘宝远不是易贝的对手。虽然当时的阿里巴巴在B2B的世界里可以算是大名鼎鼎，也拥有数量庞大的会员资源，但是这些影响力毕竟不可能直接搬到C2C的世界里来。

而易贝则完全不同。作为最早专注于C2C经营的企业之一，即使在遥远的中国，易贝也算是名声在外。可能当时中国的大多数人并不知道C2C是一种什么商业模式，不过至少一部分白领阶层是知道有一个可以交易二手货的网站叫易贝的。而这些白领正是当时最主要的网购潜在力量。

这样鲜明的名气对比，淘宝和易贝孰优孰劣显而易见。同时，除了这种软性的影响力之外，在广告发布渠道上，淘宝也根本没有办法和易贝相提并论。

专注于C2C全球扩展的易贝从诞生之初就意识到了网络广告资源的重要性，因此易贝早早地垄断了中国主要门户网站的主要广告位。在这种情况下，淘宝想与这些主流网站合作是完全没有可能的事情。

除了名气，另一个易贝坚信淘宝必亡的原因就是淘宝的免费经营模式。

不能赚钱的企业不是好企业，这是天经地义的事情。为了保证盈利，易贝规定了每笔交易收取交易价格3%的手续费。而刚刚诞生的淘宝采取了全面免费的策略：注册免费、搜索免费、交易手续费全免。在这样一个框架下，淘宝怎么可能盈利。

在当时C2C附加功能还远没有建立的情况下，除了手续费，人们似乎还很难找到什么突破口。淘宝似乎更像一个公益事业：一个全面不收费的网络，只为了繁荣网上商圈。

对于淘宝来说，不收交易手续费其实就是等于"烧钱"。用马云经营企业的积累来烧钱，用引进来的风险投资来烧钱，用阿里巴巴的盈利去烧钱。可是网络是个无底洞，淘宝烧钱要烧到什么时候才算个头呢？即使当时的淘宝为了争取更多的用户和良好的口碑，那么等到淘宝足够大了，它怎么赚钱呢？

## 如何解决交易诚信问题？

同时，还有一个更加深入的命题：淘宝怎么解决网上交易的诚信问题？

在易贝的逻辑中，交易手续费是一种诚信的保障，可以提高网站的可信度。网站作为一个服务提供者，敢于向交易者收取交易手续费，这本身就类似一种承诺，也表明了网站是要承担一些责任的。如果网站成了免费的平台，交易双方的诚信问题能否解决，还有什么人敢于在上面做交易呢？

不过，马云顺利解决了这些问题，再一次证明了自己的智慧。

2003年，马云一边组织技术团队解决淘宝的构架和实际运行问题，另一边开始了"蚂蚁军团"的网络营销计划。

在易贝高层对淘宝的判断中，至少有一项是非常准确的：如果淘宝不能让别人知道自己，那么淘宝必然失败。但是面对易贝全面的网络广告封杀，淘宝又该如何破解呢？

网络是一个平民的社会，在这个高度分散的社会中，大站的绝对主导权并不一定能够完全比得上小站加在一起的影响力。这就是马云破解宣传困境的方式。

虽然大站的优质广告位都被易贝所买断，但这并不意味着所有网上的宣传资源都被易贝所垄断，众多的中小网站一样能够起到宣传的作用。阿里巴巴是凝聚众多小商人组合起来的，淘宝的未来也是这样，马云深知把这些中小甚至微小的网络力量凝聚起来的价值。

于是，一场"蚂蚁兵团"的宣传战开始了——马云把宣传资金洒向了众多互联网上的中小站点。这些站点不可能全部被易贝买断，而经历了互联网危机的网站们正在求才若渴的境地，获得了马云这位大财神的合同，这无异于救命稻草。一时间，网络世界哗然，众多中小站点纷纷争抢淘宝的宣传生意。

当易贝孤零零地守着几个大站广告位的时候，众多中小网站已经成了淘宝的宣传海洋。在打响了破解宣传阻碍的第一枪之后，马云继续着他的淘宝免收手续费战略。

淘宝不赚钱是事实，但是淘宝在壮大，也是事实。

免收手续费的战略并没有让淘宝上的交易受到质疑，相反，这个策略吸引来了越来越多的参与者。

在易贝的逻辑起点上，在车库中处理旧物的美国人是抱着一种"卖一块钱赚一块钱"的态度，所以收取一点手续费无关痛痒。但是马云更加了解中国，马云的C2C也更加贴近中国的实际。

马云理想中的淘宝更像是一个大街道，各种各样的人都有机会到这个街道上来摆个"地摊"。这种定位其实可能与本来的C2C的个人对个人模式有些不同，更准确的说法应该是一种小微企业对个人的B2C模式。如果网络上的主体由"处理旧货赚一块是一块"变成了一种经营行为，那么3%的交易手续费自然也就变得意义重大。

几乎在一夜之间，淘宝声名鹊起，抱着创业理想可是没有门路的人们都把上淘宝开个店当成一种时尚。

今天，本着这种最简单的"地摊"精神，马云的淘宝不断增长的销售额，让它成为中国电商的领头羊。淘宝与易贝之战似乎已经有了结果，淘宝没有像预言的那样18个月就倒掉，而易贝和它的拍卖模式在中国市场上已经渐渐变成了非主流。

# 第六章

# 梦圆电子商务

电子商务，这是马云正在做的，也是他最想做的。当过三轮车夫、大学老师、翻译、小企业老板直至阿里巴巴集团董事长，马云丰富多彩的人生在电子商务这个新鲜的商业模式中找到了归宿。而其他所有的经历与磨难其实不过是为了这最后的成功所做的一点铺垫。

从互联网企业到电子商务模式的转变对于马云和阿里巴巴来说，都是一个了不起的成功。确定了电子商务发展的道路，后面的一切就都显得顺利了。在B2B的行列里，阿里巴巴是个成功者，如果继续在这条道路上走下去，至少赚钱是没有问题的，不过赚钱显然不是马云唯一想要的，他还需要更多的成功，开拓更多的电子商务模型。

2003年，对于中国商业来说并不算一个好年头，这一年发生的"非典"让中国人不愿意走出家门进行消费，各种经营也就自然而然地受到了影响。尤其是传统商业，没有人上街购物，商业惨淡，新的商业模式非常重要，有没有一种能够让人们不走出家门就能消费的方式呢？这似乎正是马云的专长。

电子商务让人可以跨越地域的限制进行消费，甚至在不出门的情况下就可以消费，这正可以解决2003年时的全国商业问题。不过这涉及了电子商务的另一个领域——C2C。

C2C是人们最早开发的电子商务模式。2003年，这个领域已经有了易贝、亚马逊等成熟的品牌。这些C2C电子商务领域的老大级企业在2003年已经开始了中国业务的布局。相比阿里巴巴，这些企业拥有更加雄厚的资金和成熟、完整的商务模型与电子商务产业链。

要想成功地开拓这个新的电子商务领域，马云就必须击败这些对手，而打败他们也同时意味着打败他们背后的财团，甚至是他们的商业模式。

第一个直接竞争对手就是"易贝"。为了将马云这样一个潜在的新生竞争对手扼杀在出生阶段，"易贝"买断了全部的网络广告资源。

对于C2C来说，让人知道是非常重要的，没有人知道就不会有人应用这个平台，那么C2C需要的庞大的客户群就无法建立，切断了网络广告资源，马云就没办法推广自己的平台。除了这样一个釜底抽薪的方法之外，马云的竞争对手还下了三个判断，这三个判断各个都是C2C的死穴。

不过马云似乎没有在意这些，他更关心自己的C2C的名字。

马云对名字的关心程度并不比自己对商业模型的关心少，当初成立阿里巴巴时已有先例，而这时正好还有当初注册的域名可以使用。也许这是一个应用的好时候，不过对于马云来说，他想要的每一个重要的名字都必须能够含蓄地表达自己的想法，就如同阿里巴巴会让人想到财富一样，他也希望自己的新公司有一个响亮的新名字，这个名字应该让人有所联想，也能表达自己对新商业模式的思考。

于是，淘宝的名字应运而生。这个名字的关键是"淘"。今天我们已经对网上购物习以为常，与各种店家相互砍价都成了我们购物的一种乐趣，但是这在当时却并不容易。那时的C2C商业模式是易贝的拍卖模式当家的时代。而马云的淘宝就是要用"淘"模式对抗拍卖模式的开端。

当然，马云后面还有更多的想法，比如借助淘宝这个大容器进行企业孵化。不过，这些都是后话，淘宝诞生的当先，最先要解决的还是生存问题。

# 第一节 神来之笔"支付宝"

2003年，淘宝诞生。从诞生起，就有人质疑这家不符合C2C定义的公司的生存能力。经过一年的宣传之战，马云和他的淘宝从重围中杀出，抢占了一部分份额。不过这还远没有解决淘宝的盈利问题。但是马云大手一挥："还不是淘宝赚钱的时候"。于是，一个旨在提升淘宝运营质量而远非淘宝盈利能力的计划慢慢浮出水面。

## 淘宝初期面临的种种问题

不知道马云的从商逻辑究竟是什么样的，他拥有无与伦比的商业头脑和商业才华，可是他对金钱的态度似乎和其他商人们完全不同。在所有互联网企业都争着引进投资的时候，他拒绝了孙正义的巨额投资，"只拿自己需要的"；当淘宝势如破竹的吸引用户注册时，他又说这不是赚钱的时候。

对于赚钱的事情不上心，却并不意味着马云对所有钱的问题都不上心。早在创立阿里巴巴的时候，马云就充分理解了钱对于电子商务的意义。

作为一个线上交易平台，没有实现资金的流转就不是真正的线上交易。但是想要在一个跨越地理界限的网络世界中建立一个资金自由流动的平台几乎是不可能的。因为这种流动需要跨越众多法律限制，还要解决"国际洗钱"、"资金限制"等种种问题。

不过在阿里巴巴上线伊始，尤其是在2001年那个互联网寒冬期的调整中，阿里巴巴建立了一套信用交易系统。在某些条件允许的情况下，买卖双方可以借助阿里巴巴实现部分信用交易，甚至信用贷款。

不过阿里巴巴网毕竟针对的是组织程度和信用程度都较高的机构间交易，淘宝面对的则是更加零散的个人交易，这两种交易行为有着本质的不同，怎么解决这个问题成了淘宝继续向前发展的重要瓶颈。

如同阿里巴巴在2001年互联网寒冬中撤消香港总部的硅谷办事机构后的反思一样，淘宝也进入了一个"蛰伏"期。不过与阿里巴巴的全球收缩不同的是，这一次没有什么互联网寒冬的影响，也没有国际裁员，网上的宣传照做，注册会员依然快速增加，一切都在繁荣的水面下悄悄进行。

"网络交易"这个名词对于中国的普通民众来说还不算熟悉。阿里巴巴这样的电子商务平台主要针对企业，而易贝这样的平台多多少少有一点小资情结，所以电子商务对于大众来说其实还比较陌生。

淘宝的定位是纯粹的大众交易，这种定位本身就要打破很多限制，尤其是不同的交易行为。

对于大众来说，网上购物无疑具有众多的好处。省去了中间商环节，必然会降低商品价格，也会减少商品流通的时间。新产品的推广将更加快速。同样，"坐在家里逛街"也比较符合现代人越来越快的生活节奏。

那么什么会成为这种模式的阻碍呢？交易安全性首当其冲。

卖家担心买家拿到货物不付钱，而买家则担心付了钱拿不到货。作为买家，还有很多复杂的诉求，比如产品和图片不符、文字说明和自身的理解有偏差或者没有什么原因，看到东西的一瞬间就是不喜欢。

最早的淘宝远没有今天这么强大。买家和卖家通过淘宝网建立连接，但是真正的交易过程却要更多地线下交流和沟通。先付款还是先发货、能不能退货等。这种交易远没有实现淘宝本来简化购物流程的目标，买家和卖家都处于极为不方便的情境之下。同时，这种方式的风险依然存在，时不时就会有顾客投诉。当然，这个时候易贝式的诅咒就多多少少发挥作用了：一个免费的网站促成的交易，为什么要来对交易行为负责呢？

其实，信任就是一种价值。虽然没有收手续费，但是顾客既然来注册就是对淘宝的一种信任。虽然投诉并不是绝对的，但是这种负面影响还是需要重视。而且一家目标明确的公司，解决这个问题也是必然。

可是怎么解决这个问题呢？搜遍网络，在当时还没有有效的方式来解决。于是一种古老的中国智慧开始了网络时代的创新。

担保人，作为生意人熟知的一个名字并不让人觉得陌生，相互不信任的两方交易，无论哪一方先完成交易动作，都觉得无法放心，于是担保人的角色就出现了。

易贝的收费模式类似担保人，他们的手续费可以看成是交易的"保护费"，但是这种模式明显不能解决所有问题，毕竟很多交易是网络服务商不能承担的，因此易贝的模式并不是淘宝需要的，淘宝需要建立一个更加直接、更加有效的担保人制度，于是一个今天大家都已经非常熟悉的平台诞生了——支付宝。

## 支付宝——让网购付款更便捷

支付宝的功能描述起来其实非常简单。一方买，一方卖，买的一方把钱付给淘宝，淘宝告诉卖的一方"钱已到账，请发货吧"，于是卖方就发货。当货物到达买方手中，觉得心满意足就再通知淘宝，淘宝就把钱付给卖方。这样，在C2C的二维模式中，加入了一个第三人，淘宝的身份也从一个买卖建立的牵线人变成了真正的担保人。

一个简单的方法解决了重要的困扰C2C模式的交易安全问题，这确实充满了智慧。但是为什么这么一个简单的方法在之前却没有人想到呢？

虽然"第三方支付平台"的想法并不困难，但是也许正是"灯下黑"的原因，这个方法却没有人去思考。更重要的是真正建立这样一个平台也并不容易。

从技术上来说，当时的网络支付技术并不成熟，怎么解决顾客付钱是一个问题。据说在"支付宝"平台上线之初，曾经有顾客通过将钱转账到指定账户的方式来实现操作，但这种方式明显费时费力，不能真正发挥互联网交易的快速、便捷的优势。

可是建立一个网上直接支付的平台的难度巨大，最基本的就是要解决资金的安全问题。虽然当时的计算机技术已经给出了一些可能的解决方案，但是要把这些方案变成真实、可用、可靠的系统还需要艰苦的努力。

计算机技术本身是一个问题，同银行间的合作又是另一个问题。支付宝平台本身类似一个转账平台，而转账这种业务必然和银行有关系。从技术层面上来说，银行当时的技术能力还不足以完全支撑网上交易服务，从制度上来说，银行和一家公司合作建立一个网络交易平台，这有很多政策风险。

而从法律的角度去看这个问题，网络支付相当于提供了一条新的资金通道，但这条资金通道会不会变成洗钱或其他犯罪的资金通道还不能确定，可能存在很大的风险。毕竟一个网络虚拟世界的跨地域平台的监管要比银行监管复杂得多。

这些都是现实的问题。不过如同其他看似无解的难题，马云还是把这块骨头啃下了。

"天下没有解决不了的问题"，也许这是一种哲学态度。2003年，在淘宝上线后不久，马云和阿里巴巴投资了1亿元研发第三方支付平台——支付宝。也许是刻意的低调，也许是故意迷惑对手，对于具体的技术构架、宏观设想，在支付宝研发之初并没有大张旗鼓的宣传。但是灵敏的对手却已经嗅到了这个新计划的味道。他们知道这个计划如果成功，将很可能让淘宝变得不可战胜。不过他们更加坚信的是，马云和淘宝不会成功，单单是解决支付宝的技术问题就可能是一个无底洞，本来就不赚钱的淘宝加上这样一个无底洞将会彻底摧毁马云的C2C计划，甚至完全拖垮他的阿里巴巴。

不过这些并没有发生，2004年，划时代的支付宝诞生了，这也意味着中国的C2C商业模式真正的春天即将来临。

虽然当时的支付宝还有很多问题，甚至连中国的监管机构都没来得及做好准备。实际上，直到2010年，中国人民银行才完成了

《非金融机构支付服务管理办法》，也就是第三方支付管理的相关法规。而直到2010年9月1日，这部管理办法才真正实施。这时，支付宝已经运行了6年多的时间，做成了数以亿计的网络交易。

当然，政策不成熟、技术不成熟、环境不成熟，为了说服各家银行与支付宝合作，马云和他的团队甚至付出了比解决技术问题更多的努力。同样的，支付宝也走了很多弯路，比如最初的支付宝支持信用卡充值服务、线下POSS机收单业务，但是因为一些原因，这些业务都被暂停了。

瑕不掩瑜，这些问题最终没有阻止支付宝的成功，而有了支付宝这个帮手，淘宝的C2C之战将会取得更大的胜利。

# 第二节 布局网络

2004年，马云用支付宝解决了淘宝最麻烦的支付问题，这也为淘宝的后续发展奠定了基础。通过支付宝平台，淘宝的买卖双方可以更加放心地进行交流。淘宝也凭借这个有力的支持顺利开拓了C2C的全民电子商务模式，也让淘宝和自己的竞争对手们逐渐拉开了距离。

对于淘宝来说，还有一个更加麻烦的事情就是物流的整合问题。虽然早在1993年，顺丰速运就已经在广州顺德成立运营了，邮政速递业务则是更早开始，但是对于淘宝的全新的终端物流需求来说还是不能够完全满足需求。不过这似乎并不是马云和自己的新宠淘宝在2005年最关心的事情，就很多电子商务人士来看，2005年的马云和淘宝似乎有点不务正业，他们将更多的精力投入到了网络搜索中。

强强联合

也许是因为共同的投资老板的原因，2005年，马云对一家互联网世界中的奇迹公司雅虎产生了浓厚的兴趣。

1994年，雅虎正式上线，这是世界上最早的门户网站。

在雅虎上线之前，人们的上网方式只有有限的几种。人们需要从海量的搜索中一条条地寻找到自己需要的信息。于是，杨致远和大卫·费罗——两个斯坦福的研究生，在1993年的时候产生了一种想法：为什么不将自己喜欢的网站编写成一个表单。

于是一个"杨致远—大卫·费罗"互联网表单就作为一个程序出现了。随之而来的一个问题是能不能将这个表单扩展和丰富，变成"大家喜欢的网站表单"。于是，雅虎就诞生了。

今天来看，雅虎的创业其实很简单，也没有太多的技术和市场的自然垄断机会，不过当年的雅虎却创造了一个奇迹，当这家公司在美国上市的时候实现了120%的溢价[①]，这即使在那个互联网的黄金时期都是一个奇迹。

为什么人们会愿意出这么多钱来投资这样一个门户网站呢？原因很简单：当年的互联网其实并没有非常明确的盈利路线，唯一可测量的方式就是用户数量。用户使用时就会产生潜在的赚钱机会——可能带来广告收入，也可能带来新的市场创新等。而雅虎上线的时候，在很短的时间内就聚拢了接近四千万的用户，这样的用户数量甚至达到了当时主流电视台的影响力。

本质上，门户网站是一个向人们推荐网站的网站，不过这种推荐自然而然地起到了类似新闻的作用和影响力。于是，雅虎更像是一家网上的媒体，人们对它的期待自然就类比了知名的新闻媒体。

---

① 溢价，指交易价格超过证券票面价格。

与马云的阿里巴巴一样，杨致远的雅虎同样是孙正义投资的互联网资产。不过略有不同的是这家网站在后来的经营中并不像马云的阿里巴巴那么顺利。

随着互联网技术的普及，各种类似雅虎的门户网站如雨后春笋一般冒出来，对雅虎的冲击显而易见。加上互联网寒冬的影响，雅虎未来发展的路径并不明朗。

作为老牌的互联网门户网站，雅虎已经有了一定的品牌积累，但是随着网站专业化和平民化，越来越多的专业互联网媒体挤了进来，于是雅虎的未来成了孙正义投资中的一个大问题。

2005年，马云的阿里巴巴和雅虎进行了全球战略合作。同时，马云的阿里巴巴接手了雅虎在中国的业务，成立了中国雅虎。不知道这样的组合在当时的背景下究竟为了解决什么问题，但是今天的雅虎中国已经非常明确自己的定位了，据说这也是根据当年的协议进行的——成为阿里巴巴公益事业宣传的网络。

2005年的中国网络世界群雄并起，雅虎原有的领域不仅有搜狐这样的新兴权贵，还有更多的专业网站、门户网站。类似百度这样的搜索引擎，腾讯这样的即时通讯都有杀入门户网站的实际行动，这让雅虎面临的环境越来越差。同样面临激烈竞争的还有雅虎邮箱。当然，在这种激烈环境中，雅虎还保留了雅虎体育这样的优质品牌。

雅虎的发展似乎揭示了互联网世界的发展规律：在一个高度模仿的世界里，在一个仿制快速的世界里，想要生存下去就得有自己不可替代的特征，有着高度忠诚的市场。

这可能就是淘宝和马云成功的原因吧。淘宝成功地把零散的网民聚集起来，形成了一种独有的力量。

2005年平静地过去了，也许是执掌雅虎让马云费尽心力，也许是经过了几年的发展，马云和他的团队也都需要休整，除了投资雅虎之外，马云似乎并没有让自己的淘宝有什么进化。而即将来临的2006年似乎也比较平静，只是一场看似简单的合作让淘宝有了更多的发展。

## 淘宝的扩张——投资、整合口碑网

口碑网，今天听起来似乎并不是那么响亮，但是这家网站却对淘宝商圈的建立起着重要作用，而这一切就是发生在2006年。

口碑网是一家专注于"一站式消费体验"的网络服务商。口碑网成立于2004年6月。它整合了易凭网等网站，形成了一种独特的电子商务模式。

与淘宝相比，口碑网进入的是电子商务的另外一个领域——生活服务类消费。淘宝的模式是网上购物。人们如同在大街上逛街一样在一家家店铺门前走过，购买自己喜欢的商品，而口碑网则像是围绕着大商场星罗棋布的各种饭店、电影院等消费场所。

口碑网是中国互联网中最早实现跨地域消费的网站。在这家网站上，你可以轻松预订到异地的消费服务。同时这也是一家"一站式"消费的网站，提供了包括餐饮、休闲、房产等各种消费的网络服务商。

和淘宝不同，口碑网专注于消费之外还专注于领导消费行为。就如同口碑网这个名字本身的含义那样，在这个网站上可以自由地对各家消费机构进行评价，最后产生一种评价效果。

2006年，阿里巴巴战略投资口碑网，这是阿里巴巴集团第一次对非"阿里"系的企业进行投资。

这个投资主体很有意思，阿里巴巴，也就是淘宝的母公司。这个时候的投资被称为战略投资，也就是说阿里巴巴集团看中了口碑网对于集团整体电子商务战略的巨大作用而进行的投资。

阿里巴巴网解决了大宗货物的问题，而淘宝进入了零售领域，但是无论是哪一个层次的公司，马云和他的团队从来没有进入过纯粹的消费领域。口碑网是阿里巴巴大门内的又一个新兴的市场商机，也是马云和他的团队期待的未来机遇。

2007年初，在阿里巴巴注资后不久，口碑网的用户就达到了300万。战略投资口碑网让阿里巴巴全面布局了互联网上的消费行为，补全了淘宝的不足。而投资口碑网也让马云和他的淘宝逐渐进入了"大淘宝"战略时代。

2008年7月口碑网和马云全面控制的中国雅虎合并，组成了"雅虎口碑"。这个合作让口碑网得到了全面的提升。借助原来的雅虎品牌效应，口碑网快速增加了知名度。同时，作为一家门户网站逐渐蜕变而来的网站，雅虎拥有比较先进和全面的搜索技术、网站技术，这些让口碑网在技术层面和经营层面都得到了提升。

2009年9月，口碑网成了淘宝网的一部分，这样的合作为两家网站都带来了奇妙的化学作用。

对于口碑网来说，他们成功地嫁接了淘宝网高达3亿人的影响力，而对于淘宝网来说，口碑网的到来让它的营销范围更加全面，对顾客的吸引力和影响力更加全面，进一步加强了淘宝网对各种消费需求的满足能力。

如果说淘宝的本质是马云对于个人消费行为的全新定位，那么对口碑网的战略投资就是为了让这种消费理念革命全面进入人们的日常消费领域。从今天的效果来看，7年前的战略投资明显达到了预期的效果。到2010年，口碑网所积累的用户达到了5000万人。

也许这就是所谓的战略，这就是所谓的"大淘宝"改变国人消费行为的体现。

# 第三节　封闭搜索

2005—2006年，马云和他的淘宝网似乎没有什么大张旗鼓的动作，更多的是进行一些基础的或者长远的战略投资活动。这些行动对于未来的"大淘宝"形成有着重要的推动最用。同时，一些基础性活动也在悄悄展开。而其中重要的作用之一就是增强淘宝网的盈利能力。

在2004年解决了交易平台的问题后，马云和他的团队其实已经解决了淘宝面临的基本框架问题，但是作为一家企业，最基础的赚钱问题似乎还没有任何起色。

从淘宝诞生之初，它的竞争对手就曾经做过几个预言，其中最严重的其实就是淘宝不能盈利。

一家企业不能盈利就不能称之为成功的企业。马云依靠阿里巴巴网的成功积累了资本，依靠这些原始积累和阿里巴巴网不断增加的盈利，马云一直在哺育着淘宝，但是这毕竟不是长久之计，就像诞生之初对手的预测那样，如果淘宝持续这种"非盈利"状态，阿里巴巴网即使再成功也不能保证淘宝的持续发展，更何况这种"烧钱"的情况甚至会反过来影响阿里巴巴网的生存。

其实淘宝自身拥有一些赚钱的手段，例如店铺装修或者"支付宝"的部分衍生收费项目，不过这些对于淘宝来说毕竟不是根本之计。要维持一个快速成长的巨大淘宝，这些项目几乎完全无法支撑，而且类似店铺装修这样一次性的收费项目更不能解决持续性的问题。更何况，随着淘宝影响力的增加，越来越多的外围公司也在分享着淘宝的这些衍生市场的利润。

显然，淘宝想靠这些小打小闹的优惠政策养活自己根本就不现实，确定新的盈利模式就成了淘宝永远绕不开的话题。

从2003年诞生到2007年，淘宝已经走过了4年，这些时间里，淘宝的基本功能和框架已经比较完善。同时，淘宝在电子商务领域的领导地位也逐渐确立起来。似乎应该是时候解决盈利的问题了，于是，在2008年，一件改变淘宝生态的事件发生了：封闭搜索。

"蚂蚁军团"是当年淘宝破解广告封锁的重要战术。

当年，为了封杀刚刚诞生的淘宝，竞争对手曾经购买了所有主要门户网站的广告位，力图让淘宝止步于大众宣传。毕竟，对于一家针对网民的互联网公司，如果没有人知道，它就会必死无疑。

可是马云和他的淘宝却巧妙地运用了网络的开放性解决了这个问题。他们大量地在中小网站投放广告，通过这种方式成功击败了对手的封杀。

在那个时代，除了大量和中小网站合作外，搜索引擎的帮助同样不可小视。

当年的中小网站的广告费是依靠"流量"来确定的。所谓流量也就是有多少人浏览了自己的网站。浏览的人越多，网站的广告价值越大，而在这种网站上投放广告的价值也就越大。

而为了让更多的人点击自己的网站，站长们就得想办法让自己更容易被搜索引擎抓取。在这种情况下，淘宝借助疯狂优化自身搜索质量的中小网站突破了封锁，配合免费战略，淘宝顺利登上C2C市场头把交椅。

　　随着淘宝声名大噪，借助中小网站宣传的需求也就没有那么强烈了。中小网站们开始针对每一个淘宝商品页面的宣传赚钱。

　　2008年之前的淘宝实际上是一个更加开放的平台，淘宝之外的网站可以把淘宝的商品链接放在自己的网站上，通过点击这些链接就可以进入淘宝的交易平台。

　　很多淘宝的商家都愿意和这些网站合作推销自己的商品，以此来提高自身的商品销量。

　　虽然建立了"支付宝"这样的第三方支付平台解决了交易最基本的资金安全问题，但是淘宝依然解决不了诚信问题。毕竟交易中的诚信问题并不仅仅是资金这么简单，商品的质量、商家的服务这些都是淘宝需要面对的问题。

　　于是，淘宝建立了自己的信用系统，就是今天大家都很熟悉的"皇冠"制度，销量越大、评价越高，网店的信用度就越高，自然消费的人也就越多。而来自外部的消费和浏览，甚至是一些评价都可能影响商品。还有一些商家越过淘宝本身的信用系统，借助外部的链接来推广自己的商品，这些都影响了淘宝本身的平台信用。2008年9月，淘宝发出声明，将关闭来自淘宝以外的搜索。

　　这对于互联网来说是一件大事，在淘宝发出声明的同时，仅仅是在搜索引擎百度上就有两千多万个关于淘宝商品的网页。而关闭搜索自然也意味着关闭了这些搜索引擎和淘宝之间展开合作的一条潜在路径。

淘宝的声明中也简要介绍了这么做的理由，其中之一是一些假冒伪劣产品借助外网平台销售，这造成了淘宝本身的信誉问题，也不利于淘宝的用户。同时这种外部链接也绕开了淘宝自身的用户信息保护系统等，对顾客的资金安全、信息安全都构成了威胁。

不过不论淘宝的理由是什么，淘宝最终还是关闭了外部搜索的功能，所有的淘宝商品都必须通过淘宝网站本身的搜索功能进行搜索。

淘宝这次动作从战略上保证了自身在C2C市场上的优势，避免了搜索引擎顺势进入C2C这个市场。

毕竟C2C市场的核心还是人们的消费和搜索行为，如果大量的基础搜索数据都掌握在了淘宝以外，尤其是那些巨型的搜索引擎上，那么如果这些搜索引擎一旦决定杀入C2C市场，淘宝必然面对巨大的竞争。

当然，这些都是相对时间长、见效慢的影响，淘宝关闭搜索还有一个更加直接的目的：增加淘宝的盈利能力。

如同当年对手分析的那样，作为一家C2C网站，要么就是通过收取交易手续费的方式实现盈利，要么就是通过广告的形式实现盈利。

C2C网站实现盈利必须是可持续性的模式。不断进行的交易行为可以保证交易手续费的持续收取，而广告作为一种周期行为同样也是一种可持续的收益方式。随着自身规模和影响力的扩大，其广告价值也就越来越大，自然而然就会让淘宝的盈利能力越来越强。

这一次，淘宝没有绕开常规的方法，而是遵循了互联网界的经验，通过免收交易手续费这种惯常的方式来盈利。

免收手续费是淘宝战胜其他竞争对手的法宝，如果放弃这个模式，2008年时地位还不是足够稳定的淘宝很有可能反受其害。毕竟淘宝吸引大量商家的原因就是免收手续费，如果淘宝放弃了这个方式，那么这些商家也不是没有搬家的可能。

同样，免收手续费也像是淘宝对全体互联网商家的一种承诺，如果打破这种默契，淘宝可能遭受到的巨大批评也可能带来不可想象的影响。更何况这种免收手续费模式也是马云建设淘宝的一种理想，轻易改变自然不妥。

在这种情况下，广告费自然是唯一的选择，而封闭搜索自然是一种必然的方式。试想一下，如果淘宝的广告费开征同时外围的网站也提供广告服务，淘宝是否有足够强的能力与他们竞争，淘宝是否能够保证自己的广告效果就强于其他网站，淘宝能否承受价格竞争的压力，这些都是问题。毕竟淘宝顾客的行为分散，有的时候在一个如此多样性的产品交易网站中，一个主页的广告有多大的价值，和那些专业的中小网站相比是否有更大的广告价值，这些都存在不确定性。

封闭搜索是借助广告费实现盈利的前提条件，只有建成一个封闭的淘宝环境，在这个环境中的广告才更有价值。

借助封闭搜索，淘宝的封闭性更好，商家的广告选择也变得简单。在封闭搜索之后，淘宝的广告位拍卖、搜索优化、信誉系统的可用度和盈利能力都得到了极大的增强，而借助这样一种简单的模式，淘宝的盈利前景也变得一片光明。事实上，早在2008年之前，淘宝就已经开始为了全面的淘宝战略做准备了。

# 第七章

## 全面开花

三年，对于一个人来说可以读完高中，而对于一家企业来说也许可以实现盈利，不过对于日新月异的网络时代来说，三年的时间足够用来改变。

互联网是一个神奇的地方，你可以在此构建属于自己的那片天地。而电子商务则更加神奇，因为它实现了虚拟世界和现实世界的联系。

不知道马云在创建淘宝的时候究竟在想些什么，也许那时他就已经确定了未来淘宝的道路，不过也许他是在三年的不断摸索和学习中才确定了淘宝的未来。

2003年，淘宝上线并通过漂亮的"蚂蚁兵团"战略实现了在电子商务领域的破冰。到了2006年，淘宝已经渐渐成熟，有了自己独立和成熟的商业模式。可是马云一直没有解决一个问题：淘宝怎么赚钱？这应该是一个最简单和基础的问题，但是在马云的口中，这似乎变得神秘莫测。

淘宝现在还不需要赚钱，这是马云最经常用来回答这个问题的答案。不赚钱的企业，这样的企业有什么存在的意义呢？在那时可能只有马云才知道。在他的心中，已经逐渐有了一个"大淘宝"的概念。这个概念将让淘宝变得异常复杂，也让淘宝变得异常能让别人赚钱。

到了2006年，淘宝已经渐渐成了一个全民现象。越来越多的人借助淘宝的平台创业、赚钱、养家糊口，甚至很多刚刚毕业的大学生都将淘宝开店当成步入社会的第一步。

淘宝已经成了全民的淘宝，这让马云对于淘宝的免费模式变得更加坚定。

当所有人都把淘宝当成免费平台的时候，马云也就失去了让这个平台全面收费的机会，至少没有办法在短时间内让这个平台收费。不能收费营业额就比较低，于是利润必然会受到影响，并直接对淘宝上市造成不利影响。

上市的基础是企业能赚钱，而不能收费的电子商务平台上市自然是一件不容易的事情。2001年，马云躲过了互联网寒冬，躲过的原因正是因为他的阿里巴巴没有上市。不过2006年，互联网概念已经经过了热炒的时期，一夜爆炒的情况已不经常出现了。淘宝上市也不算是什么风险巨大的事情。

上市是很多企业的必选动作，似乎不上市赚钱就不能实现企业价值。不过马云似乎一点也不关心这些问题，他只希望自己的淘宝能够健康发展，实现自己对于C2C电子商务的畅想。解决电子商务的问题是马云的初衷，至于淘宝什么时候上市的问题，马云的解决方法如同淘宝什么时候赚钱一样：不急。不过对于淘宝上市的问题，马云有着更加具体的说明：现在上市体现不出淘宝的价值。

2006年，淘宝已经是一个健全的电子商务平台了。可是一个充满个性的老板却迟迟不让这个平台盈利。一个全民的非盈利电子商务平台，这对电子商务的发展有着多少积极作用毋庸置疑，可是这对老板又会有多大的压力呢？

我们希望看到一个免费的电子商务平台，可是同时又看不懂这个电子商务平台，它结合了电子商务的各种特点，只是暂时没有实现的就是赚钱。未来如何向前走，恐怕只有马云和他的团队知道。

# 第一节 新广告媒介"阿里妈妈"

2003年到2006年的三年间，阿里巴巴和淘宝都逐渐走向成熟，尤其是淘宝，它对于C2C的探索破解了困扰互联网电子商务多年的交易模式问题。而随着淘宝交易模式的成功，"阿里"系的新模式又步入了探索的道路。

## 广告交易平台——"阿里妈妈"诞生

早在注册阿里巴巴这个名称之初，马云就将与它类似的"阿里妈妈"、"阿里贝贝"全部注册了。不过直到2006年，除了在B2B领域中风生水起的阿里巴巴之外，其他的两个名字一直都没有什么动静。

不知道是什么刺激了马云，也许是觉得阿里巴巴多年来孤军奋战的辛苦，也许是在大网络布局时就已经做好的布局。2007年，马云把"阿里妈妈"这个名字给了自己的一个全新的公司，这甚至是一种全新的电子商务模式的探索。

"阿里妈妈"，这个名字听起来就似乎带有哺育、照顾和孵化的感觉，而实际上，"阿里妈妈"也确实有着这样的作用。

"阿里妈妈"是一个互联网广告交易平台。想要销售广告位的人和想要买广告位的人多在这个平台上发布需求或者通过浏览看到别人的需求，并通过这种形式完成广告位的交易。

乍看之下，"阿里妈妈"的经营模式有点像阿里巴巴。这两个网站都是一个自由的信息发布和搜索平台，但是具体的营销理念上，"阿里妈妈"却并不像阿里巴巴的B2B模式，而是更加类似淘宝的C2C模式。

"阿里妈妈"对于广告位几乎没有限制，无论你是一个新生站点还是一个边缘小站，甚至是一个个人博客，你都可以在"阿里妈妈"上发布广告位。这就意味着"阿里妈妈"和传统的广告位交易有了本质上的不同。过去，如同传统媒体一样的广告位认购或者拍卖活动往往都是一些互联网大站的专利，而"阿里妈妈"则打破了这种限制，这直接让那些渴望创业或者网络创业初期的人们有了一个利用网络赚钱的机会。

"阿里妈妈"之所以可以做到这一点和它所提供的灵活的收费方式有关。

## "阿里妈妈"的新模式

传统的网络广告收费方式是套用了传统媒体的模式，是按照时间段收费的。比如一个公司购买了门户网站的某一部分的广告位，在合同约定的时间内，他们的广告就会一直滚动存在。这种方式对网站本身的质量要求很高，用户也往往都是一些"大主顾"，对于那些中小站点来说，这些需求根本不是自己的商机。

而"阿里妈妈"在这种传统的计费方式之外，还选择了新的广告计费方式。随着互联网技术的发展，一种新的计费方式也逐渐产生，那就是点击计费。也就是说，在一个网站上挂上链接，当用户点击的时候才会产生计费。

这种方式对于广告的投放方来说更加有益，一方面他们可以确保广告的效果，另一方面则让广告需求方由原来的大主顾变成了一些中小主顾。他们可以不用一次消费巨额资金来购买固定的广告，而是可以通过具体的消费者行为来支付费用。这种情况下，大站和小站广告位之间的价值差异也就被无形间缩小了。毕竟无论大站还是小站，只有人们点击才会产生费用。

除了常规的按时段收费和点击收费之外，"阿里妈妈"还有一种"按行为收费"的模式。这种模式相比点击更加深化了广告效果的评价。比如在广告销售中就约定广告计费的方式是按照顾客下载、安装或者其他行为来计算。这种广告计费的方式虽然从技术上来说要求更复杂，但是从商业模式上看和按照点击计费的方式并没有本质上的不同。

而"阿里妈妈"的另外一个收费模式则非常具有淘宝特点：按照交易付费。

虽然对于任何电子商务来说，交易都是最终的目标，但是和拥有广大"草根"人群的淘宝相比，按交易计费却显然称不上他们的专利。

在"阿里妈妈"的平台上，广告位招商的网站可以领取淘宝商品的链接，将淘宝店铺或者商品的页面挂在自己的网站上，当有人通过这些链接实现了交易的时候，网站的所有者就可以获得交易金额的一部分作为广告费。

这个模式的神奇之处在于彻底颠覆了广告投放方和广告位投放方的地位。传统的广告投放方找广告位的模式变成了广告位投放方找广告投放方的行为。一家网站可以根据自身网站的特色、特点或者对于商品的判断和预期来选择广告，因为如果交易达成得越多，他们的收益也就越多。为了获得广告收益，他们甚至会更加卖力地推荐他们网站选中的商品。这实际上最大化了广告的使用价值。

通过这四种手段，马云把自己的"阿里妈妈"打造成了互联网上最具个性的广告交易平台。而他和他的"阿里妈妈"团队的目标就是：让天下没有难做的广告。从功能设计上看，"阿里妈妈"确实做到了。

虽然设计了多种多样的广告销售方案，但是"阿里妈妈"最让人们津津乐道的还是按照销售来付费的方式，尤其是当这种模式和全民经商的淘宝碰到一起的时候，更是产生了一种无法想象的化学变化。

淘宝作为个体交易为主的网络电子商务平台，开网店的往往是一些资本不算雄厚、赚些蝇头小利的小商人，让他们花大把的钱去买广告显然不现实。不过如果网上出现了一种"卖出去才赚钱"的广告模式，他们自然会双手欢迎。

于是，互联网上的中小网站认领淘宝店主的广告，淘宝店主按照销量支付广告费的经营模式瞬间成了一种网络经营的流行趋势，更有众多中小网站把这种经营模式当成是创业手段。

不知道马云创建淘宝的时候有没有想到用"阿里贝贝"的名称，不过从后来的事实来看，无疑是这个小字辈的淘宝成就了"阿里"家族的新成员"阿里妈妈"。这可能就是淘宝的真正价值。

如同广泛质疑的那样，淘宝本身作为一个免费的C2C电子商务平台很难实现盈利。这种困难体现在两方面，一方面是C2C本身就存在的盈利能力问题，另一方面则是免费的模式。不过如果我们将淘宝不看成是一个盈利的主体，而把它看成是一个新业务的发动机，那么可能就会有更多的结论。

淘宝本身的出现为互联网带来了很多可能，2004年上线的支付宝正是在淘宝旺盛的交易需求下走向成功的。如今的支付宝不仅仅是破解电子商务交易难题的有效方式，更是一种全新的商业模式的起点。

而"阿里妈妈"也同样在淘宝的发展中变成了可能。虽然作为阿里巴巴集团中的一个独立的板块，"阿里妈妈"的收入并不计算入淘宝，但是它的成功却明显和淘宝有着脱不开的关系。

实际上，阿里巴巴在2007年推出"阿里妈妈"的时候，这是一个针对整个互联网的广告交易平台，可是经过一年的发展后，也就是2008年"大淘宝"概念形成以后，"阿里妈妈"的发展方向也越来越清晰，逐渐明确了自身"为'淘宝'服务为主"的发展定位。

2008年，"阿里妈妈"和淘宝合并，形成了"淘宝联盟"的品牌。将自身的广告发展定位经验移植到了淘宝广告的推广中，而正是这个合并让"阿里妈妈"获得了真正的成功。直到2013年，"阿里妈妈"才重新恢复自身品牌，成为独立的广告业务交易平台。

淘宝当年推出的封闭外网搜索的举措，在当年的互联网世界掀起了轩然大波。当年淘宝为了宣传而大面积向中小网站投放广告，而在封闭外网搜索时，淘宝向中小网站投放广告的措施也早已停止了。甚至一些站长将那段时间形容为他们的寒冬，看不到任何盈利的希望。

淘宝的成功是因为中小站长在淘宝上线时提供的广告支持，而当淘宝走向成熟的时候，淘宝关闭了中小网站曾经的赚钱方式。不过同时，"阿里妈妈"又给了他们一个新的机会。

这也许可以称为"在关上一扇门的同时打开一扇窗"，这也许就是淘宝感恩中小网站的一种方式吧。

# 第二节　"阿里"软件系

有了支持交易的支付宝，有了广告赚钱的"阿里妈妈"，淘宝这个在同行中看起来不能成功的C2C网站还缺少什么呢？答案或许是一个聊天软件。

网络交易给了交易双方极大的便利。交易的双方不需要在一个地方，不需要见面，甚至不需要使用现实中的货币，这似乎很梦幻，让人有一种想一想就能完成交易的感慨。不过这种高度自由的环境自然也有很多不便。我看中的东西究竟好不好，食品过没过期，特殊的购物需求能不能满足，这些细致的需求也都因为虚拟世界的阻隔而无法进行。

今天我们登录淘宝，随便来上一句"亲，能包邮不？"，如此简单和自然，但是当淘宝没有这样的即时通讯功能的时候，这些就没有那么简单了。

2007年1月8日，阿里巴巴的又一家独立的公司"阿里软件（上海）有限公司"成立。在成立的当天，"阿里软件"就对外发布了四款软件，包括阿里软件外贸版、内贸版、C2C版和阿里旺旺。这四个软件里面，"阿里旺旺"是最为实用和影响深远的。

从"阿里"内部的谱系来说，"阿里软件"是继阿里巴巴、淘宝、支付宝和雅虎之后阿里系的第五家独立公司，它要比"阿里妈妈"更高一级。而作为这家公司的母体，阿里巴巴也可谓给了它巨大的支持，将阿里巴巴、淘宝的基本技术架构、网站全部交给了"阿里软件"掌管，也就是其发布当天的外贸版、内贸版和C2C版。

如同马云最初的创业梦想一样，"阿里软件"也充满了对于中小企业的关心："给中小企业提供买得起、用得上、用得爽的在线软件服务"。

这样的成立宣言似乎有一种将长尾战略坚持到底的霸气，不过这也正是"阿里系"成功的原因。

2007年，"阿里"系的鼻祖阿里巴巴网已经运营了8年。在这8年中，马云和他的团队经历了各种各样的形势。而运营淘宝的五年更让阿里巴巴的团队对于电子商务环境有了更深刻的认识。2008年成形的"阿里软件"正是在总结这些年经验的基础上对整个"阿里系"软件的一次彻底地改造，以把马云和他的团队对于电子商务的理解与他们自身的理想更加完善化。

为了达到这样的目标，阿里巴巴集团和美国微软公司在2007年4月签订了"全面战略合作协议"。借助微软的帮助，"阿里软件"获得了电子商务、企业管理、办公自动化等方面的技术支持。

2007年时，即时通讯在中国已经不是什么新鲜事物。从最早的OICQ到QQ，网上聊天在中国已经成了一种全民行为。大家都很熟悉相隔两地但是却能像面对面一样聊天的感觉。但是把这种感觉搬到商业领域却还不是那么普及的事情，而这种功能正是电子商务发展到2007年时最需要解决的。

交易的达成和沟通是密不可分的。面对面的交流可以建立交易双方的信任，更可以确定很多细节。电子商务的巨大潜力在于可以让人们突破地理界限，但是同时也让交流变得困难。怎么才能让人们可以在互联网交易中也能进行交流，这是一个问题。

2008年，经过不断总结和改进，"阿里旺旺"和人们见面了。

那个时候，"阿里旺旺"本身其实是几个软件的合称，包括了专门为淘宝量身打造的"阿里旺旺2008淘宝版"、"阿里巴巴2008E客服版"和"阿里旺旺2008贸易通版"。

"贸易通"是使用时间较长的一个软件，在阿里巴巴的B2B电子商务交易中，"贸易通"起到了非常重要的作用。客户通过"贸易通"的平台进行商务洽谈，这极大地提升了电子商务的效率。

而"淘宝版"则是一个相对年轻的通讯软件。这个软件是按照淘宝的电子商务模式重新设计的，里面加入了很多C2C交易中常用的功能。

## 方便快捷的"阿里旺旺"

"阿里旺旺"的出现给淘宝的进一步繁荣带来了机遇。交易的双方可以完全模拟地摊购物时的状态，通过这个即时通讯软件相互之间讲价、讨论货品状态，甚至联系卖家退换货、催促发货付款等。

"阿里旺旺"对于淘宝的另一大贡献是提供了"证据系统"。网上购物，因为地理的阻隔难免产生对于货物的差异理解。尤其是单独看图片、文字介绍和实物的使用体验出现差异的时候，买卖双方往往会出现很大的争议。

而"阿里旺旺"为解决这个问题带来了方法。"阿里旺旺"保存的聊天记录就会成为证据，成为调节双方理解的中介。在"阿里旺旺"投入使用后，极大地增强了淘宝买卖双方解决交易纠纷的能力，这也大大减轻了淘宝的服务压力。

一个每天进行无数交易的网络世界，正常情况下需要的客服人员是一个巨大的数字，而淘宝的客服人员数量并不和交易量成正比，这和"阿里旺旺"不无关系。

与阿里巴巴很多软件类似的是，"阿里旺旺"同样是一款免费软件。无论是卖家还是买家都不需要为这款软件付费。不过这并不妨碍这款软件的先进性，它不仅具有其他各种即时通讯软件所拥有的功能，甚至还有一个特殊的特点，无需安装、即点即用。这种方式非常符合电子商务的功能需求，符合交易的零散特点。

当然，作为一个以盈利为目的的软件公司，"阿里软件"也不可能完全免费。不过如同"阿里妈妈"卖多少、付多少的广告销售模式一样，"阿里软件"提供的各种服务也是遵从自然灵活的准则，"用多少付多少"这是"阿里软件"的基本准则。

作为一个完全的互联网电子商务集合体，阿里巴巴和淘宝其实有很多的共同点，这也让他们的商务需求有着类似的特点。这也让"贸易通"和"阿里旺旺"的合并有了基础。

2008年，在"阿里软件"推出的"阿里旺旺"正式版中，"贸易通"、"阿里旺旺"甚至口碑网的即时通讯功能都被整合在了一起。

在同一个系统构架下，三个不同商务领域的即时通讯软件的特点都得到了加强。

"耳闻不如目睹"。对于淘宝本身的交易需求来说，仅仅是通过即时通讯的模式去进行交易似乎还是不让人们那么喜欢。于是，在新版的即时通讯中，"阿里旺旺"拥有了语音通讯甚至视频通讯的功能。当双方为了商品颜色和款式争执不下的时候，直接连上摄像头给对方看一下似乎是一个很好的选择。

而随着即时通讯技术的不断发展，一些新的应用也进入了"旺旺"。窗口震动、窗口合并、交易对象管理等，如果不考虑在一个封闭的网络环境中应用的现实，那么"旺旺"几乎和所有的即时通讯软件一样。

用技术改变电子商务的体验，加强客户的网上购物体验，这对于淘宝和口碑网有着更现实的影响。当涂鸦功能和评价功能进入口碑网的时候，这个曾经的战略投资项目的能力已经得到了提升。就如同它的名字一样，人们通过评价让消费店面成了热点。

而淘宝的各种技术革新也让淘宝有了更多潜在的发展可能。越来越简单的软件开拓了越来越复杂的交易活动。技术扫清了交易的桎梏。在人们越来越熟悉淘宝的现实中，围绕着淘宝交易相关的技术和制度结合也越来越普及。

最基本的就是金融和物流体系的支撑。

淘宝通过"支付宝"建设的电子交易平台在最初上线的时候还并不能称为完美的平台。受到合作银行数量的限制，在淘宝交易还需要办理指定的银行卡，否则各种转账和交易都没法进行。而在那个年代，除了一些中小银行之外，几乎没有什么大银行和这个新生的甚至连合法性都无法确定的第三方支付平台支付宝合作，这大大影响着淘宝本身的发展。

同样的还有物流体系。在淘宝建立之初，起到支撑作用的物流体系还远不能称之为完善，而随着淘宝及物流行业的发展，全国的物流体系日趋完善。如今的淘宝已经在自己的交易系统中加入了各种物流平台的接口。这些一方面证明了淘宝对于商业环境的改造作用，另一方面也证明了"阿里软件"的研发和整合能力。在制度和软环境发生变化的同时，"阿里软件"就能迅速地提供相应的软件支持，这也许就是"阿里系"软件整合的作用和意义。

# 第三节　再次迈出国际化的步伐

阿里巴巴从创建之初就着眼于整个世界。在阿里巴巴的技术架构中也有着"内贸"和"外贸"的架构，而在阿里巴巴的主要站点中还有"日语版"、"英语版"这样的基础网站。不过这些其实更多的是从互联网世界中去打开国际市场，而不是真正的国际扩张。

阿里巴巴真正的扩张是在互联网寒冬之前，那时的阿里巴巴在世界各地设立办公室，甚至在硅谷投资了不动产。不过这些随着互联网寒冬后的国际收缩都结束了。到了2007年，阿里巴巴新的国际化战略又重新开始了，阿里巴巴高调宣布自己将会布局中国台湾地区及印度市场。

这一次的阿里巴巴全球化的战略相比上一次的更加凶猛，因为这一次的阿里巴巴已经是一个集团，而不仅仅是一个电子商务网站，同时它还有了淘宝，有了"阿里妈妈"、"阿里软件"等。

阿里巴巴被誉为电子商务领域中的"谷歌"。在电子商务领域，阿里巴巴拥有全球的影响力，但这并不是意味着阿里巴巴拥有全球的控制力。阿里巴巴还有很多的竞争对手。

淘宝上线的时候，利用本土化的优势打败了竞争对手易贝，可是走出国门的阿里巴巴会不会遭受到这些电子商务网站的打击也是一个大大的疑问。如同所有准备走出国门的中国公司一样，国际化的差异都是不能忽视的巨大挑战。一个简单的例子就是终端物流。

　　中国拥有储量丰富的劳动力，虽然随着中国经济发展和结构调整，人力资源成本正在攀升，但是中国的物流网络的点到点配送能力也随着交通工具的发展而得到了提升。不过对世界很多国家而言，这种物流方式是完全不可能想象的。货物交易都伴随着复杂的提送货过程，这是国际化挑战最为直接的表现。

　　真正的国际化意味着本土化和落地化，阿里巴巴想真正在一个地方落地就不仅仅是像现在这样通过互联网联络世界各地的商人，而是需要在当地建立自己的机构，服务当地的商人。这些都需要跨越国际化的差异。

　　阿里巴巴的国际化战略是不是代表着衍生的那些品牌，尤其是淘宝这样的C2C形式是否会跟随阿里巴巴一起进入都是极大的问号。如果阿里巴巴真的希望在当地孵化一个全新的淘宝，那么就依然会面临当年在中国境内时面对的支付问题，不过在国外的金融环境中，建立一个像支付宝一样的支付工具的难度显然更大。

　　不过不论如何，经历了8年的时间，在2007年阿里巴巴终于上市了。在这次目标为100亿人民币的融资计划中，阿里巴巴的雄心也显露无遗。建立一个完善的、廉价的网络商务环境是阿里巴巴融资的最终目标。

　　这是一种不同寻常的态度，在资本市场略显混乱的环境中，多少企业都希望借助上市来大赚一笔，不过马云却在上市后轻描淡写地说一句：还是做好企业的基础最重要。

这种最为朴素的企业家精神才是马云和他的阿里巴巴所希望的，这也许也是另一个问题的答案：其他"阿里系"什么时候上市。

阿里巴巴是"阿里系"里面最优质的资产，而其他公司其实也都伴随着阿里巴巴所代表的电子商务浪潮拥有潜在的盈利能力，很多人都期待在阿里巴巴上市后不久就能听到其他"阿里系"上市的声音，也有更多错过了阿里巴巴上市的赚钱机会之后期待下一个"阿里系"赚钱机会的人。

不过马云的信念似乎回答了这个问题：先做好企业。如果企业本身做不好，上市也没有意义。这也许就是对其他"阿里系"什么时候上市这一问题的一种回答。

# 第八章

## "大淘宝" 降临

可能一个更加现实和有些难以置信的问题是，似乎连马云自己都没有搞清楚淘宝究竟是什么，或者淘宝应该是什么。

淘宝是一个电子商务平台吗？这一点似乎毋庸置疑，可是这个电子商务平台的交易模式又是什么？显然，这已经不是人们对它最初的看法了，这并不是一个简单的C2C平台，这个平台上的交易行为和典型的C2C易贝的拍卖模式有着天壤之别。

显然，这也不是一个B2C网站，这里活跃的卖家更多的是微型的，也许他们只有一个人或者一个家庭。甚至一些人虽然在经营，但是他们却并不是真正的经营者，他们有的是兼职，有的甚至只是兴趣和体验。

这种模糊可能并不影响淘宝的发展，但是在这样一个复杂的应用群体面前，如何赚钱成了一个麻烦事。而这个麻烦应该是创办一家企业最应该解决的问题。

追逐利益是企业的天性，如果企业不能赚钱就没有了存在的意义。这是天经地义的事情。可是马云在淘宝上线那一刻喊出的免收手续费的口号却让人有些不能理解。更多的人愿意相信那是在特殊的竞争环境下所选择的一种策略。

而这给了人们更多的疑问。毕竟，所有人都知道，如果淘宝这个平台处于一种持续的不盈利状态，自然也是难以生存下去的。当真的有一天，淘宝的平台开始收费，那么那些依托在这个市场上的小商人们会有什么样的行为，当年火爆的淘宝会不会一夜之间变得萧条？

同样的，对于投资人来说，他们期待着投资淘宝，也期待着淘宝能够破解电子商务赚钱的谜题。当然，如果这个问题无法解决，他们也不会投入资金。

对于淘宝本身来说，今天的马云似乎已经不再是那个避谈上市问题的老板了，新时代的资本运作的规则不可逃避，马云也一样。他希望企业健康地发展，可是上市也是必经之路。不能永远让淘宝当温室中的花朵，它的发展也需要资本市场的洗礼。

所有这一切，经营者的困惑、投资者的担忧和马云自己飘忽不定的淘宝上市布局，这些都是淘宝必须解决的问题。

"大淘宝"，一个全新的命题让人们愈加好奇，这个"大"究竟有多少内涵，马云的计划是将淘宝变成一个巨大无比的平台还是让它的业务变得复杂无比。不同的人对一个相同的描述有着不同的解读，而马云自己也并不急于向大家说明。也许他也在从大家的议论和思考中汲取新鲜的想法。

是的，今天的淘宝已经超越了阿里巴巴成为马云手中最热门的一张牌，虽然还有诸多的不成熟，但是这丝毫不影响人们对这个新生平台的期待。所有人都在静静等待，马云究竟会让这个平台焕发出什么样的神奇色彩。

# 第一节　定义淘宝

淘宝像是一个怪胎。在其成立初期，没有人知道马云想干什么。最初上线的时候，淘宝腹背受敌，众多的竞争对手挡在面前，而马云一句"免收手续费"让淘宝打败了强劲的对手。那时所有人都认为这是淘宝的短期行为，可是淘宝运行了几年，马云一句"继续免费三年"又让人们看不懂了。

"免收手续费"意味着没钱赚，可是不能一直没钱赚，三年的消耗也不是小数目，淘宝究竟想要做什么变成了一个谜。

"想要做什么"，这似乎是最开始就应该确定的一个问题，但是对于淘宝而言似乎完全不是这样。甚至直到今天都很难说清楚淘宝是什么，淘宝带来了什么或者淘宝将会带来什么。

一家企业，最基础的问题应该是怎么赚钱。我们可以把这个简单的问题变成各种复杂的名词，比如商业模式、经营理念等，不过淘宝究竟是什么，这几乎没法回答。

从2003年上线开始，淘宝就曾一直处于一种"不盈利"的状况。

今天的淘宝加"天猫"的年交易额突破10 000亿元<sup>①</sup>，这么巨大的交易额度让人觉得似乎应该是一个闭着眼睛都赚钱的生意。可是事实并不是如此。淘宝长期坚持的免收手续费战略让淘宝盈利可谓艰难。

从上线的第一天开始，淘宝就装备了很多看起来很赚钱的模块。比如模特服务、店铺装修等，不过事实证明了仅仅依靠这些，根本无法养活一个如此巨大的商业机器。

今天的淘宝上有数百万个网店，每年有数亿的顾客，如果我们把这样一个庞大的商业场所变成现实中的购物街，他的规模可能超过世界上任何一个超级大城市。

淘宝是这样一个市场的建立者，同样也是这样一个商业世界的维护者。为了维护这个世界的基本交易秩序，淘宝雇佣了3000名员工，他们中的一大半都是客服、技术人员和客户经理。他们为商家和顾客提供着各种基础性的服务。

数以亿计的交易行为和3000名雇员，单纯从数字上来看，这显然是不成正比的，如果想让这样一个复杂的商业机器顺畅地运转，就必须让更多的人进入淘宝的世界，让他们一起协助淘宝运营。

可是这样会带来的一个必然结果就是淘宝必须坚持开放的态度。

"开放"是一把"双刃剑"。一方面，"开放"可以调动各种社会力量来维护淘宝，来开发出淘宝的各种潜力；而另一方面也决定了淘宝自身的盈利能力将受到极大的影响。

封闭的社会总是容易赚钱。如果淘宝关闭了所有可能的接口，

---

① 张丽华. 淘宝天猫年交易额突破10 000亿［N］. 杭州日报，2012-10-04.

淘宝完全有能力像一般的商场一样出租铺面赚钱，但是如果淘宝放弃免收手续费的方式就可能失去社会力量的支持。

淘宝坚持这种开放的态度，就可以让更多的人参与到这个世界的维护中来。他们可以利用淘宝建设网店，也可以通过发布各种软件让淘宝的功能更加完善。

这似乎是一个看起来很美的局面，可是另一个问题就接踵而至：各种工作都让社会做了，那么淘宝需要干什么呢？

淘宝新一任的CEO陆兆禧有一个形象的说明：淘宝的建设就像是现实世界中的招商引资，政府需要提供基础设施，疏通水电煤气，商家们来了，他们负责具体的开发。而淘宝就是一个提供这些基础的"水电煤气"的商家。淘宝建立了基础的交易平台，而各种电子商务软件提供商和淘宝店主们负责则丰富这个市场。

任何企业都需要一个发展目标，这种目标最简单的就是找一个同类的企业。也许最初的时候人们把淘宝和电子商务网站相比，不过当淘宝的体量和所创造的价值达到今天的状态时，人们发现，其实淘宝也许并不是一个简单的电子商务网站，而更成了巨大的零售集合体。那么淘宝的假想学习对象很自然地变成了一家大家都很熟悉的超级公司"沃尔玛"。

作为最大的超级零售业巨头，沃尔玛是世界上最成功的公司之一。沃尔玛曾经连续三年登上《财富》杂志世界五百强第一名，按照营业额计算是美国当之无愧的第一名。今天的"沃尔玛"在全球27个国家建设了超过10 000家超市。营业额超过4600亿美元。[①]

这样的巨无霸是一个很好的学习对象，如果按照营业额和店面

---

① 沃尔玛中国简介［EB/OL］. 沃尔玛中国官方网站.

数量来说，淘宝和沃尔玛根本就没有可比性。不过如果按照交易的供应商数量和分布国家范围来看，淘宝的潜在能力可能并不逊色于沃尔玛。

数百万个店铺就是数百万个供应商，至少从这一个指标上来看，淘宝和沃尔玛相比并不失败。而从阿里巴巴在全世界建立70多个实体代表处的现实来看，淘宝的国际化潜力也同样巨大。

沃尔玛被作为了淘宝的潜在竞争对象，那就意味着淘宝的经营理念和经营方式必须着眼于扩大淘宝的规模，也就必然要求淘宝继续开放。

而这时的中国大环境也对淘宝的开放战略起到了促进作用。

2008年，正是美国的"次贷危机"席卷全球的时候。全球的市场都在萎缩，投资、消费都被抑制。而中国的市场和世界似乎并不一致。改革开放三十年，中国经济积累了巨大的财富，具体到每个人就是巨大的消费潜力。

人们需要消费，这是中国和世界的不同，设想一下，如果13亿人的市场被启动起来，将会是多么巨大的一笔财富。

而淘宝开启的就是这样一个巨大的市场。在这种目标的指导下，淘宝对C2C模式进行了改造，变成了CBP模式。

C代表消费者，B代表商家，而P则代表服务提供商。

C2C是顾客之间的自主交易，而当淘宝中的众多交易者进化成了"店主"，C2C的模式与B2C的模式之间的区别就变得模糊了，而在这些交易的中间地带，大量反复的交易过程中必须有一个新的角色负责维护系统的运行，而这就是P诞生的意义。

CBP的模式不仅对淘宝上的各种角色将进行了清晰的界定，更重要的是这种清晰的界定终于解决了淘宝怎么盈利的问题。P，服务提供商，这是淘宝的角色，同样也是在淘宝模式下诞生的各种辅助公司的角色。

淘宝的开放将自己应用平台的盈利潜力放弃了，不过这种开放的态度却让淘宝有了更多的盈利潜能。

"阿里妈妈"就是一个绝佳的例子，通过服务淘宝，"阿里妈妈"不仅获得了庞大的交易额，也实现了盈利。

这就是淘宝盈利的秘密。直到淘宝运行五年之后，这种嫁接的盈利能力才真正释放出来。

虽然当初淘宝本身并没有盈利，可是嫁接在淘宝上的各种辅助软件却可以盈利。这些软件也遵从淘宝的一贯价值选择，免费、低价，只有当使用或产生效果的时候，这些软件才产生价值。

淘宝作为交易平台，甘愿做好自己分内的事情，做好各种基础设施的建设工作。表面上看，淘宝没有多少盈利能力，它把能赚钱的东西都免费了，另一些则"开放"了，这么做带来的结果是淘宝变成了一个"孵化器"，它产生了更多的赚钱机会。

经过5年的发展，淘宝究竟是什么的问题终于解决了，其实它并不是一个C2C的网站，而是一个网络服务平台，它靠自己当初的不盈利让淘宝的兄弟企业有了更多的赚钱机会。

当然，淘宝的自身建设其实给了更多第三方公司赚钱的机会。成本由淘宝来负责，盈利由第三方公司来赚取，这显然也不是一个长久之计。

为了解决这个问题，淘宝和商家们建立了一种合作关系，通过给予这些商家合作的机会换取他们的合作，这样就实现了双赢。

也许最初的时候没有人说得清楚淘宝是什么，但是今天来看所有人都已经清楚了淘宝的商业逻辑。如果说阿里巴巴是马云开启电子商务的神秘口诀，淘宝就是他费尽心力培养起来的一只下金蛋的鹅。当淘宝终于长大的时候，人们才知道，原来免收手续费的淘宝也会带来这么多的赚钱机会。经过了5年的发展，马云终于给了人们一个答案，终于让人们知道了这家免收手续费的交易网站应该怎么定义。

# 第二节　全民推广

2008年，马云提出了"大淘宝"概念。一个庞大的淘宝计划终于展现在了人们面前。马云用一个实实在在的计划告诉了人们究竟什么是淘宝，究竟什么是淘宝赚钱的动力。

"大淘宝"，核心在于大。这种"大"包括业务范围上的大，甚至是营销模式上的大。

在2008年时，"阿里系"发生了一件大事："阿里妈妈"注入淘宝。

"阿里妈妈"是阿里巴巴旗下的一家主动性的广告发布平台，之所以说"主动性"是因为人们可以自由地选择广告的发布和使用，而灵活的收费方式让"阿里妈妈"创造了新的市场动力。

## 推广方式的创新

淘宝和"阿里妈妈"的结合所产生的影响远不是给淘宝增加一个广告平台这么简单，而是为"大淘宝"开创了一个新的机会。

2007年10月18日，淘宝发布了一个新的应用："淘客推广"。

"淘客推广"是建立在"阿里妈妈"的自主广告推广业务基础上的一种应用模式，是一个更加开放的平台。在这个平台的基础上，淘宝商家以外的人可以通过推荐的方式从交易中提取佣金。从技术本质上来说，这种方式和"阿里妈妈"的广告付费并没有太本质的区别，可是当它和淘宝相结合，尤其是和"大淘宝"战略相结合的时候，产生的就是一种全新的商业模式。

通过"淘客推广"的方式，无论是网站、论坛还是普通网民都获得了推广的机会。在这个模式下，推广可以成为一种职业。在马云的"大淘宝"计划中，通过"淘客推广"这个平台，在1～5年之内将可能创造出超过10万个就业岗位，这么多的就业岗位相当于一家大型企业的雇员总数。

现实世界也对马云的判断做出了积极的反应，而广大网民的热情更是给了"淘客推广"更多现实的实现路径。

论坛成了一种非常行之有效的方式。对于淘宝上的同类商品的评价成了一种资源，当你拥有一个足够吸引人的论坛的时候，每一篇帖子都可能创造价值。

同样，一些人甚至专门开起了网购推广网站，这些网站通过"购物经验"、"购物体验"、"购物技巧"等各种模式推广淘宝的商品。一些创业者甚至通过这样的模式成了几家公司的老板。

很难想象逛街可以成为一门赚钱的生意，更难想象网上购物能成为一门赚钱的生意。

通过网络指导人们购物成了一个就业的途径，甚至成为潜在的高薪行业。按照一些对外发布的公开信息，一般刚刚开始进行推广的"淘客"新人每月都能获得一千元左右的收益，而经过一段时间的摸爬滚打之后，月入万元的"淘客"也并不少见。

"大淘宝"的开放为人们开启了一个潜在的赚钱机会，不过这样的开放同时也可能带来新的问题，这些问题与淘宝封闭搜索之前的环境类似。

首先是收入的问题。当年淘宝的盈利模式广遭议论，而随后淘宝封闭了各种搜索引擎对于淘宝商品的搜索活动，这为淘宝带来了潜在的广告盈利的可能。随后，"阿里妈妈"诞生，颇具淘宝特色的广告发布平台上线，这些让淘宝平台自身的盈利能力得到了保证。

不过在开放了外围推广后，这种封闭搜索行为的潜在可能显然就不存在了，于是淘宝的盈利能力也就又消失了。

"大淘宝"模式解决了淘宝作为一种商业模式的盈利问题，但是对于淘宝这个平台本身的盈利问题并没有解决，而当时盛传的淘宝上市明显又让这成了必须要解答的问题。也许这就是"阿里妈妈"注入淘宝的根本原因，至少将"阿里妈妈"的盈利能力嫁接到了淘宝这个平台上。

这么看来解决淘宝开放带来的盈利问题似乎很简单，只要将一些潜在的盈利项目注入到这个基础平台中就可以了。而事实也证明了这么做的可能性。不过另一个问题却必须解决，那就是淘宝在最初发布消息封闭搜索时所说的那个官方理由：怎么解决假冒伪劣的问题。

淘宝作为一个电子商务平台，交易的安全性是必须解决的，除了支付宝这种保障资金安全的平台之外，商品质量的保障同样需要一个系统，而淘宝的解决之道就是建立一个信誉系统。

不过，一个开放的推广平台让淘宝的网点有了绕过这个信用系统的机会，这显然对于淘宝的长远发展不利。

那么淘宝如何解决这个问题呢？这么一个复杂的技术问题似乎用一个简单的逻辑观点就可以解决了。

"淘客推广"的基础是人与人之间的信任。作为一个推广的发出者，如果你推荐的各种商品质量高，自然信任你的人也就越来越多，同样的，你赚来的钱也就越来越多。反过来，如果你推荐了并不那么优质的产品，自然就没有人会再信任。

这种说法在逻辑上是没有问题，但是似乎并没有那么容易实现。假如一个推荐者仅仅为了"赚一把就走"，他就不会担心后续的影响。更严重的是，一些伪劣产品的推广者如果借助这个平台大量地销售自己的商品，那么淘宝遇到的麻烦就更多了。

## 如何寻找开放和规范之间的平衡

这其实也是淘宝面对的根本问题的一个表现。究竟怎么规范网上交易的行为，怎么寻找开放和规范之间的平衡，这是"大淘宝"计划必须面对的问题。

"大淘宝"并不仅仅是一个经营上的概念，还包括国际化的背景。当淘宝宣布开始向国际市场进军的时候，一些基本的问题开始产生负面作用。

其中之一就是"假冒伪劣"的问题。因为淘宝上交易的主体都是相对零散的个体，他们的行为很难规范，为了简单的价格优势而销售不合格的产品不可避免。

另一个问题是"山寨"的问题。虽然淘宝提供着维持这个虚拟的网上交易世界运转的动力，但是却并没有能力提供"网上警察"和"网上工商"的能力。

而各种盗版的音像制品、图书更是直接地影响着淘宝解决知识产权的能力。中国的特殊环境决定了这些问题在国内的市场环境下不一定会给淘宝致命的影响，但是在国际市场上，这种情况就完全不同了。尤其是当淘宝开始研究在美国上市的计划时，知识产权、消费者权利保护，这些都成了淘宝难以解决而又无法绕过的问题。

　　"淘客推广"开起了一个全民营销的局面，这是一件好事，不过带来的负面影响同样不少。

　　作为一家拥有雄心的企业，淘宝自然不可能对这些问题坐视不管，"七天无理由退货"、"假一赔三"、"先行赔付"，这些措施都让"假冒伪劣"的风险降到了最低。

　　"让消费者放心消费，让推广者放心赚钱"，这是"大淘宝"推出"淘客推广"的目标，也是淘宝对于顾客的承诺。

　　从淘宝的角度来看，这些措施确实极大地保护了消费者的利益，但是这种模式相当于淘宝将潜在的推广风险全部承担了，从企业的角度看，这多少有点冒险，而同样，如果以这样的状态去说服投资者恐怕也没有那么容易。

　　不过这些都抵挡不住"淘客推广"的成功。据统计，在"淘客推广"上线后短短两个月的试运行期间，就有多达20万人成了"淘客"，其中至少有20%是职业淘客或网站站长。而在2008年9月，有一定影响的专业类的"淘客"网站和论坛就达到了2000家。

　　如同淘宝建立时的"草根"属性一样，"淘客"推广也是利用大众的力量来推动电子商务的发展。而且按照成交量付费的模式还带来了互联网广告业的一个意想不到的变化。

　　过去的互联网广告中非常重要的数据指标就是点击量，伴随而来的就是各种虚假点击数据，这种行为不仅仅影响了互联网广告的实际效果评价，还让各种互联网经济数据的统计产生了麻烦。而按销售付费的方法则可让这种虚假点击完全消失，这也许也是"淘客推广"为互联网带来的一种变化吧。

其实直到今天，关于淘宝的各种讨论也没有停止，而"淘客推广"也同样是一个还没有定论的应用，也许它会给淘宝甚至电子商务带来新的发展机会，不过，也有可能让淘宝成为互联网商务的道德讨论的牺牲者。不过，仅仅从"淘客推广"的快速发展我们就能确定的一件事是："大淘宝"和它所代表的电子商务新模式BCP拥有强大的生命力。

# 第三节 "大淘宝"的吸纳箱

2008年8月，马云为淘宝的发展定义了一个"大淘宝"战略。简单地说，所谓的"大淘宝"就是依托淘宝的平台开创一个开放性的互联网世界，让淘宝本身作为一个基础性的平台，不断孵化和衍生各种新兴的服务。

在这种思维的引导下，"阿里系"原有的在淘宝基础上发展出的各种平台与淘宝本身的结合就变得顺理成章。

## 内部结构整合

"大淘宝"就如同一个吸纳箱，把各种可能的、潜在的能够整合并发挥化学作用的各种企业放在一起，并期待新的变化的产生。

从2008年的"阿里系"结构来看，其实主要涉及两个业务领域，B2B和C2C，而对于"大淘宝"来说，其实所有的"阿里系"公司都有两个基本属性：能并入淘宝的和不能并入淘宝的。

于是淘宝的内涵变得更加丰富，它已经不再是原来那个功能性的电子商务平台，而是一个电子商务及相关软件的现实版的网络实验室。在这个实验室中，有着丰富的客户和店家，他们都成了绝佳的研究对象。在他们的网购经历中，什么样的功能是他们希望得到的，什么样的功能是他们觉得应该改进的，什么样的功能是他们即使付钱都想使用的，这些需求的强大吸引力让淘宝的潜力得到了放大。

于是，"开放"成了淘宝进一步发展的潜在诉求。这种开放的体现就是将"阿里系"各种C2C的软件逐渐融入淘宝，对外而言则是开放淘宝的各种资源，广泛地邀请各种希望在淘宝盛宴中分得一杯羹的人们加入到开发淘宝的队伍中来。

在2008年提出"大淘宝"之后，淘宝确实展开了一系列的开放行动，包括雇佣集团外部的软件公司开发淘宝，甚至允许一些外来应用的进入。这些都让淘宝变得更加繁荣。

这似乎和当年淘宝封杀搜索有些矛盾，不过这也是淘宝不同发展阶段的一种策略选择。就如同游戏业中的很多案例一样，封闭代码的游戏有时会走上一条自我循环的道路，而开放式的游戏平台可能获得更加强大的生命力。

当淘宝拥有了足够的数据资源、顾客忠诚度时，也就有了开放的基础。而这种开放当然是有限的，当年被封闭掉的淘宝内页商品依然不能在外部浏览器中找到，而那些能够在外网中找到的不过是对于淘宝这个平台的各种搜索结果。

这就是开放和保护之间的一种平衡，对于在淘宝基础上的各种开发都是开放的，可是如果是脱离淘宝，再利用淘宝的资源显然是不被接受的。

借助"大淘宝"概念，整个"阿里系"对于资源共享和其潜在的好处都有了新的认识，这也为未来开展新的业务打下了基础。

随着互联网技术的不断革新，曾经的网络制高点之一的电子商务已经不再是新鲜事物。虽然真正成功的企业还不算多，但是随着不断出现的尝试者，人们对于电子商务的熟悉度也在提升。

### "云计算"技术的运用

和电子商务形成鲜明对比的是另外一种网络概念——"云计算"。

所谓的"云计算"是指超越实体的一种计算机应用技术，通过这种技术，互联网的使用者可以不考虑实体的计算机网络的布局情况，而单纯地关注网络中的信息流的情况。这种技术在理论上可以解决一台主机的存储能力、有效计算能力不足等各种问题。

虽然在互联网领域，新概念并不算少，但是"云计算"却也是一个全新的概念。大部分人对这种新技术的了解还非常有限。

不过和其他互联网技术相比，这种技术从最初出现就展现出了无与伦比的商业元素。从技术框架上看，"云计算"向人们提供互联网服务的时候，其计费方式有了全新的设计，人们不再是按照时长等模式付费，而完全按照所使用的信息量来付费。人们看过多少信息、下载过多少信息，这些都将被量化并和金钱挂钩。

这是一种与众不同的思路，当一种技术以一个可开发的赚钱工具的形式出现的时候，那些成熟的商人们自然不会错过这个机会。

于是，"阿里云"就成了"阿里系"的第八家独立实体公司。

2009年9月10日，阿里巴巴集团注资成立了"阿里云"。这一年正是阿里巴巴成立十周年。

"阿里云"是一家技术属性比较强的公司，除了在北京、杭州这些"阿里系"公司的大本营设置了机构之外，"阿里云"还在硅谷这样的高科技研发聚集的区域设置机构。而这也是自从互联网寒冬之后，阿里巴巴再次把重量级的企业布局在硅谷，只是这次阿里巴巴集团做好了更充分的准备，他们相信没有什么能够再轻易地把它们从硅谷赶走。

　　"阿里云"的经营理念其实很简单：利用"云计算"技术，开发阿里巴巴的资源。

　　"云计算"的本质是对信息流的控制，是对数据资源的开发。而对于阿里巴巴来说，其实它的核心资源就是各种各样的信息资源。而从创业之初到今天，阿里巴巴从某种意义上也在充当一种"网络掮客"的角色，通过联络市场上的交易主体获利。其实本质上，这种电子商务就是信息流的管理和开发。

　　而过去，"阿里系"和其所经营的电子商务的盈利模式其实就是把信息流的开发进行包装，再通过这种包装来提供附加服务，这些服务是真正给阿里巴巴集团带来盈利的力量。

　　无论阿里巴巴的付费服务还是淘宝的广告服务，其实都是借助信息流的力量来解决盈利问题的方式。

　　而如果有一种新的方式，可以让信息流直接获得收入，那阿里巴巴的电子商务是不是可以更直接地赚钱呢？这可能也是"大淘宝"带给马云的思考。

　　在"阿里云"的框架中，有弹性计算、云安全系统等各种基于"云计算"的全新应用。这些应用的共同特点就是"分离、稳定、低成本"。

　　2010年10月27日，曾经作为电子邮箱领域中的重量级服务提供商"雅虎邮箱"整体搬家到"阿里云"邮箱，这一次搬迁就实现了将近90万个企业级邮箱和超过2T的数据，这也标志着"阿里云"的云技术达到了应用水平。

2010年11月11日，在热炒"光棍节"的背景下，淘宝的销量大增，而这也是"阿里云"大显身手的机会。在那一天中，"阿里云"的应用技术保障了24亿PV（全称Page View，即页面浏览量）的访问量，启用的计算机数量达到一百万台，每一时点上保障的"阿里旺旺"交流达到了六百万条以上。在这种高强度的应用中，"阿里云"提供了高品质的服务，完成了传统技术环境中很难完成的任务，这也让淘宝甚至阿里巴巴集团对全面引进"云计算"模式坚定了信心。以此为契机，在后续的"双十一"等销售额暴涨的时间段里，"阿里云"都成了淘宝保证基本信息流稳定的中坚力量。

在随后的三年中，"阿里云"不断丰富自己的产品类别，除了逐渐全部接管"雅虎邮箱"，"阿里云"还开发或者支持开发了"订单贷款"、"淘宝云"等多种应用，随着技术的发展，"阿里云"的产品线甚至延伸到了手机领域。2011年7月28日，"阿里云·OS"发布。2013年4月16日，"阿里云"手机开始大规模收购各种中小手机厂商，谋划下一步建立自身在移动客户端的"云计算技术"应用。

"阿里云"的发展可以看成是阿里巴巴集团对于电子商务的一次全新的定义，通过对信息流"按需付费"的模式的探索，不仅阿里巴巴集团的盈利能力会得到进一步提升，甚至连淘宝自身的盈利问题都会解决。这也许也能算成是"大淘宝"带来的现实影响吧。

# 第九章

## 合久必分

"合久必分，分久必合"。当"大淘宝"的概念进入实施阶段的时候，人们终于明白了马云的淘宝计划究竟是什么，而淘宝这样一个免费的平台又能有多少潜力。

　　不过当然，一个好的孵化平台绝不仅仅是提供一个免费平台这么简单，还需要让这些从平台上孵化出来的新企业变成能够独立应对市场的个体。从"大淘宝"的整合开始，一场新的分拆就势在必行。

　　可是如何分拆？分拆的标准是什么？分拆的目的又是什么？上市既然并不是马云对于淘宝的期待，难道这些新生的公司会是相应的替代计划？一切似乎显得有些扑朔迷离。而在这些战略性的问题之外，还有一些基础而简单的问题需要解决，比如如何应用这些新公司、采用什么样的管理方式来控制这些新公司等。

　　有的时候分拆比整合显得更加艰难和复杂。如果你想建立一个"大淘宝"，你只需要把各种相关的企业都塞进一个壳子里就行了，以互联网强大的融合能力和"阿里系"多年来的合作关系，一些化学变化甚至是自然而然发生的。不过要将这些复杂的整合体再重新分拆成一个个独立的公司，所耗费的就不仅仅是那么一点点的精力了。

　　分拆要讲求艺术，首选需要确定的就是拆分的标准问题。怎么分拆，是按照业务模块还是市场导向，或者是技术方向，这些都是需要解决的问题。分拆表面上看是经营问题，只要把业务归类似乎就可以完成了，但是真正的分拆其实还涉及管理的问题。

如何能够让业务之间保持必需的距离同时还能相互合作，如何解决分拆之后的集团控制问题，怎么根据分拆的结果进行授权，在给予各个分拆出来的公司足够的自主性的同时又不会影响集团的整体控制能力，这些都成了问题。

更加复杂的问题是"大淘宝"解决了淘宝的盈利问题，如果"大淘宝"再变成"小淘宝"，把赚钱的生意都重新变成了独立的公司，那么淘宝怎么赚钱？淘宝又该如何上市？毕竟，到了今天，"'淘宝'还不急赚钱"的口头禅马云已经不再那么经常地说起了，这个养了近十年的大宝贝也该成为一棵"摇钱树"了。

挑战和机遇并存，马云的策略也总是和变化在一起。当"大淘宝"的分拆成为下一步的发展方向的时候，一种新的商务模式出现了。跨越B2B、C2C，新的BCP模式开始成为马云电子商务世界探索的新生思维。

一个商业模式可以成就一家企业，B2B成就了阿里巴巴，C2C成就了淘宝，而这种经历了近十年"淘"历程的BCP模式将带来一个全新的"阿里系"成员，这个成员的名字有点怪，是一个和阿里巴巴甚至"宝藏"都无关的"天猫"。就是这样一个怪名字的新生儿成了马云的新宠，一场新的围绕"天猫"开始的布局又要开始了。

当然，即使有了新生的战略支点，马云还是没有停下分拆的脚步，将淘宝一分为三的过程彰显了这个互联网世界摸爬滚打十几年的老牌创业者的决心，而进一步发展的事业部模式则更是让整个阿里巴巴集团变成了一个拥有25个事业部的集群。

这似乎是一种征兆和预示，当25个事业部都全面发展，主动开花的时候，他们的老CEO也就变得轻松和闲适了。也许这就是马云想要得到的，十几年了，这样一家伴随着电子商务发展史的企业应该交给新一代的互联网精英们去经营了。

# 第一节 淘宝变"天猫"

淘宝是一个平民化的平台，在淘宝购物就如同我们在繁华的步行街上漫步踱过一家又一家简单的店铺，讨价还价，享受着便宜舒适的购物环境。

随着淘宝的扩大和业务的复杂，越来越多人发现淘宝已经产生了进化，新的淘宝已经和最初那个C2C的理论平台相去甚远，BCP模式开始成为这个基础的商业模式最新的进化。

但是淘宝丰富的内涵并不仅仅止于程序供应商的进化，同样还在于商业模式的探索。

如果说阿里巴巴是马云贡献电子商务B2B领域的神来之笔，如果说淘宝是对很难搞清楚的C2C市场的有益探索，那么在互联网商务领域最后一块马云还没有涉足的就是最基本、也最传统的模式B2C。

## 新平台——淘宝商城

于是，2008年4月10日，一个新的交易平台"淘宝商城"上线了。

同样脱胎于淘宝，同样建立在"大淘宝"的技术架构之上，这家新生的"淘宝商城"又有什么不一样的地方呢？答案就在于它的交易模式。

在"淘宝商城"最初上线的时候，容易让人产生一种错觉："淘宝商城"类似淘宝商圈中的精品店，那些淘宝平台上的优质商家经过市场的检验最终荣升到了这个新的交易平台中。这个平台的商家代表了更高的销量、更好的质量和更好的信誉。当然，也可能代表了更多的广告费或者平台使用费。

这也似乎确实在一定程度上符合这家商城最初的样貌。不过如果仅仅从这个感性的角度去解读这个新生的平台，就未免有点肤浅了。

和淘宝上众多的私人店铺相比，"淘宝商城"的入驻商家大部分是拥有一定实力的"大商家"，甚至一些入驻平台的商家本身就是一个品牌的网上销售终端。换句话说，淘宝是零星的"私人地摊"，"淘宝商城"就是一排排的专卖店。

当然，"淘宝商城"也秉承了电子商务一贯的简单和低价。因为省去了大量的中间环节，"淘宝商城"的商品价格比实体经营的店铺要低廉许多，但是无论从品牌还是品质上，"淘宝商城"的大部分商家都是与实体的商场没有差别的。

之所以说这个平台的出现代表了一个新的探索，是因为它打破了淘宝的私人对私人的交易模式，取而代之的是"组织对私人"。

"淘宝商城"中的一个个品牌就是一个个组织，也就是说，"淘宝商城"的这种品牌经营的概念事实上就是互联网世界中的B2C模式。这才是"淘宝商城"的出现对于马云和他的"阿里系"

的真正意义。

关于"淘宝商城"上线原因的探讨是一个非常有意思的命题。从互联网布局上来看，"淘宝商城"确实起到了新业务探索的目标，但这是不是淘宝衍生出商城的唯一目标呢？似乎也并不是。

淘宝是一个下"金蛋的鹅"，不过再怎么强大，淘宝本身还是解决不了基本的C2C平台自身的盈利问题。

就如同竞争对手分析的，如果淘宝希望盈利，只有两条路：一是广告，二是收费。如同预言的那样，"阿里妈妈"诞生并注入淘宝，这实际上就是广告盈利的路线。从这个事实上看，淘宝面对盈利问题时，也不能跳出广告和收费的两条基本道路。

广告的问题似乎还好解决，不过收手续费对于淘宝本身来说有着很多的不可能。

淘宝的成功一定程度上是草根的支持，而草根之所以支持正是因为淘宝免收手续费。如果在淘宝上线初期依靠免费吸引人们进入，而当淘宝拥有大量用户后，再进行收费，这对于淘宝和支持它的人来说似乎都是不能接受的，更何况如果淘宝放弃免费模式，不知道有没有更多的新生企业会模仿当年淘宝的道路再把淘宝打败呢？

对于淘宝来说，放弃免费似乎弊远远大于利。用"阿里妈妈"来赚广告的钱，那么淘宝有没有什么办法再生出一个能够收费的"蛋"呢？于是，这个叫做"淘宝商城"的"蛋"就降生了。

当然，"淘宝商城"是不是仅仅冲着那点平台使用收益去的还很难说，不过后来"淘宝商城"的精品化路线确实让人印象深刻。

2004年，淘宝解决了支付问题之后，其店铺数量和交易数量都快速增加，这也让淘宝有了进一步升级的基础。

2008年，借助新版淘宝平台上市的机会，淘宝将本来的网上店铺进行了分化，出现了"普通店铺"和"旺铺"的区分。如果一家店铺的经营越成功，它就能获得越多的网络资源。这就如同"马太效应"①一样，旺铺获得更多资源，而在这些资源的帮助下这些店铺将变得更旺。

到了2009年，以2008年的网站分流结果作为基础，淘宝加强了对旺铺的技术支持力度，引入了flash动画作为商品展示手段，这瞬间拉开了旺铺和普通店铺之间的营销能力。

而早在2008年4月，"淘宝商城"就已经上线等待着新店铺的入驻。当各种"旺铺"的页面水平达到一定程度后，他们进行"搬家"也就成了自然而然的事情了。

对于淘宝这种虚拟交易平台来说，其实无论他们如何改进技术，其实要解决的就是两个基本问题，一个是如何让买卖双方更快地找到对方，另一个就是交易安全。

作为淘宝这种由C2C商业模式发展而来的网上电子商城，交易安全的印象更可谓是立竿见影。

为了进一步加强"淘宝商城"的影响力，进入"淘宝商城"的门槛也有所提高，加上本身商城中精品林立的状况，如果一家店铺的信用等级程度不够高，它也很难在"淘宝商城"立足。

于是"马太效应"又一次开始发挥作用。"淘宝商城"中的店家一般都有一定的信誉度，消费者直接的判断就是"进入商城的商家都有一定的信誉度"，于是那些更加关注商品品质的顾客选择进入"淘宝商城"购物。

---

① 马太效应，是指好的更好、坏的更坏、多的更多、少的更少的现象。

## 更名"天猫"

"淘宝商城"从最初上线开始使用的就是独立的域名,这和它的长远战略有关。因为马云和他的团队一直都希望将"淘宝商城"建设成为一个相对独立的电子商圈。而伴随着淘宝推动的"普通店铺"和"旺铺"分流以及后来自发的店铺分级,"淘宝商城"独立的基础也越来越强。于是在2012年1月11日,"淘宝商城"正式更名为"天猫"。

仅仅从这个名字上就能看出当时"阿里系"的高管们对于"淘宝商城"脱离淘宝有着多么强的意愿。当"天猫"作为代替"淘宝商城"的名字出现在电子商务领域的时候,不仅仅是消费者,甚至连管理团队都有些不适应。

"淘宝商城"从名字上看至少还能看出和伴随了众多网民的淘宝有着莫大的关系,可是"天猫"则完全让人摸不着头脑。可是对于"天猫"的建设者来说,这些似乎都还不够,2012年3月29日,"天猫"发布了完全独立的LOGO。这一系列的行动似乎都说明了"天猫"要与淘宝划清界限的决心。

其实如果没有前面的"淘宝商城"的影响,"天猫"这个名字本身的含义似乎并不难以理解。"天猫"也就是"T-mall"的音译,可以直白地理解为电子商场。"mall"可以直接翻译成购物城,在英语中,一个"mall"就是很多品牌的集合地,甚至可能是一座小镇。而"天猫"也就是网络上的电子购物小镇,其实也非常形象好记。虽然它脱胎于"淘宝商城",但是淘宝的现实化让人们似乎有一些怀疑和不适应。

不过这些似乎并不能阻止"天猫"以全新的姿态创造互联网奇迹。

2012年1月11日，不知道是不是有意而为之，也许这就是当时的"天猫"管理者给所有电子商务领域甚至是普通人的一种暗示：在一个具有特殊意义的日子里，我们会让你们认识"天猫"、记住"天猫"。

10个月后，2012年11月11日，一个中国网民臆造的节日"光棍节"，在这一天里，"天猫"集中了几乎整个阿里巴巴集团的网上优惠活动，其吸引力远超想象，在短短的一分钟内就有大约一千万的网民涌入，甚至阻塞了系统。

"天猫"真正实现了脱胎换骨，它让人们记住了这个新生的全新商城。我们不知道，在"天猫"的规划和设计中，是不是终于有一天，它还要担负起让人们忘记淘宝的责任。不过一切的成功至少说明了一件事："天猫"是成功的，它一定会成为一股改变中国电商环境的力量。

# 第二节　一分为三

"天猫"从"淘宝商城"蜕变而来，而"淘宝商城"又是从淘宝剥离而来。没有人希望"天猫"的成功是马云和"阿里系"的最后一次尝试，因为每次新的尝试总会带来更实惠的网络消费体验，这无论是对以赚钱为目的马云来说还是对以少花钱为渴望的网民来说，都是好事。

## 淘宝、"天猫"各显神通

当然，作为一个会"下金蛋的鹅"，淘宝似乎也不可能仅仅局限于孵化出一只成功的"天猫"，它还着眼于更多的希望。

2008年8月，淘宝启动了一个"大淘宝"战略，在这个战略指导下，淘宝的很多衍生项目和功能，甚至一部分阿里巴巴的项目都被合并到了"大淘宝"的框架下。

在当时的语境下，大家都会有这样的想象：未来的淘宝将是一个巨无霸，各种各样的与C2C电子商务有关的东西都能在这个网络上找到踪影。

在那样一轮合并中，确实产生了很多在独立思考和建设过程中难以想象的化学变化，这些变化很多在短短的一两年内就开花结果了。这可能就是"大淘宝"战略的整合能力。

通过整合，相近的业务或者完全无关的业务之间产生了各种交叉，这些交叉产生了很多种可能。淘宝自身的完善度得到了提升，同时也孵化了很多新生业务。

"分久必合，合久必分"。古老的中国智慧告诉了人们事务发展的辩证过程。对于淘宝来说，它也必然躲不开这样的事物发展规律。当"大淘宝"孕育出了各种成熟的技术之后，也不难想象这些业务也必将再次独立，形成独当一面的形式。而在2011年6月，在"大淘宝"战略实施不到三年的时间后，在马云的主导下，作为C2C平台基础的淘宝网被一分为三，在阿里巴巴网之外的电子商务领域中形成了三足鼎立之势。

"淘宝"、"天猫"和"一淘"，这是当年淘宝一分为三的结果，这三个品牌相互协调，却又相互独立，各自有着各自的业务，可是却又联系在一个共同的逻辑起点上。

淘宝在分家后保留了最原始的"淘宝网"的名称。毫无疑问，这是马云C2C梦想与现实交织的第一站，"淘宝网"孕育了无数的可能与成就，而在未来，它似乎依然保留了这样的能力。

即使按照分家之后的规模来计算，"淘宝网"都可以当之无愧地把自己称为"怪物"。到2010年年底，这家网站在中国内地拥有了将近4亿的注册会员规模，而当时中国的网民数量大概也只有5亿人。这几乎相当于"只要上网的人就会注册'淘宝'"。而这样的数字也毫无疑问地让淘宝的影响力遍及中国几乎全部的网购人群。

根据研究咨询机构IDC（国际数据公司）与阿里巴巴集团研究中心（简称阿里研究中心）联合发布的数据显示，2011年淘宝网和"天猫"在线购物交易额达到6100.8亿元。而在2012年11月11日，仅仅24个小时的时间里，"淘宝网"就创造了接近200亿的营业额，2013年11月11日，淘宝的交易额更是超过了350亿元。在淘宝的数据统计中，每天的稳定消费人群数量达到六千万之多。[①]

在分家之后，淘宝的主要高端店铺分流到了"天猫"，不过这并不影响淘宝继续横跨C2C和B2C两个电子商务板块。在淘宝的店铺中依然拥有大中型企业的网络直营店。

这也许是一个启示，即使"天猫"用"光棍节"证明了自己的价值，但是有网络交易经验的商家都明白，如果仅仅依靠"天猫"这样一个中高端的平台，是不可能拿下足够的交易额的。

这可能就是淘宝在分流出了一个"光棍节"一天交易上百亿的"天猫"后还是如此繁盛的原因。淘宝的金字招牌不仅仅是对"阿里系"而言，更是对于所有期待开拓网上交易世界的商家而言。

无论如何变迁，淘宝的繁荣都是难以企及的。淘宝每天向中国的网民们供应八亿多件商品，每一分钟淘宝的商家就能卖出将近五万件商品。[②]淘宝如同马云对网络世界说出了阿里巴巴这句咒语后开启的那扇藏宝门，总是带来无数的惊喜。马云曾对大学生们说：淘宝将会是你们第一堂讲述财富秘密的课程。

淘宝在这种庞大的基数作用下，拥有无与伦比的创新能量，它不仅孵化出了"天猫"这样的新型网上商城，还在自己的网络范围

---

① 邱昌恒. 电子商务如何布局移动互联网［EB/OL］. 2011-11-04.
② 叶恒珊. 淘宝每分钟卖4.8万件商品［N］. 今日晨报，2011-01-07.

内发展起了团购、分销、拍卖等多种多样的购物模式。谁又能确定这些购物模式会不会成为下一个"天猫"呢。

淘宝即使在分家之后，依然是马云和他的"阿里系"改造世界的主要力量。中国，这个曾经连物流这个概念都没有的国家，今天却成了世界上物流行业发展最快的国家，而在中国所有的物流活动中，几乎有1/3都和淘宝网发生的网购有关。

淘宝开店，已经从马云口中的财富课程变成了一种真正的职业。仅仅是2009年，淘宝网上固定和活跃的网店数量就达到八十万个，这些带来的直接就业岗位就接近两百万个。如果加上各类"客服"、"维护"、"模特"等，借助淘宝的平台，社会直接增加了接近三百万个就业岗位。如果算上物流、第三方支付、带动的企业生产，淘宝每年为社会新增的就业岗位甚至可能更多。这是任何一个实体企业都不可能做到的。

在淘宝的成功之下，很难对"天猫"的未来做一个判断。或者说，现在的阶段还不能判断"天猫"是不是能够重复当年淘宝的伟大成就。如果仅仅从个体的战绩来说，"天猫"已经无愧于中国互联网电子商务领域第一集团军的地位，不过可惜的是"天猫"来源于淘宝，成就于淘宝，即使它再如何强大，也难以夺过淘宝的荣耀。

如果抛开"淘宝商城"阶段的积累，"天猫"真正成为人们熟知的购物网站应该从2012年的"光棍节"开始，在这一天的时间里，"天猫"宣称在13小时内完成了100亿元的销售，创下了电子商务领域的奇迹。如果这个数据是真实的，那么"天猫"真的值得骄傲，因为它可能在这13个小时中战胜了淘宝。不过在同一天，淘宝24个小时的销售额是59亿元，"天猫"当天的销售额度是132亿元。

"天猫"的经营理念就是优雅和有品位。最初将它分割出来的用意可能也正是如此，希望在众多"草根"热捧起来的淘宝以外再打造一个有些高端的新平台。如今"天猫"的品牌数达到了7万多个，虽然和淘宝上百万的店主相比这个数字不算什么，不过这7万多个毕竟都是品牌，恐怕世界上任何一个实体营销组织都不敢说自己的一个店铺里能装下这么多品牌吧。

## 潜力股——"一淘"

与"天猫"、淘宝不同，在淘宝一分为三的时候，"一淘"的声音似乎有些微弱，它没有庞大的用户人群和风光的过去，同样没有"天猫"在"光棍节"创纪录的销售速度，不过"一淘"却是淘宝分割出来的一个很赚钱的实体。

"一淘"的业务其实说起来也并不算陌生，如同名字一样，"一淘"是一个辅助的网络购物业务。

2008年，"阿里妈妈"创造性地开发出了根据销售情况收取广告费的模式，进而催生出了一系列的新生互联网创业模式，"一淘"正是在这些模式的基础上发展而来的。

"一淘"的基本业务可以分为两类：一类是商品搜索功能。通过这个功能，使用者可以找到自己需要的同类商品，并且看到它们的销售情况甚至推荐情况；另一类则是类似"阿里妈妈"衍生的推荐购物功能。

"一淘"的产生除了"阿里妈妈"的成功实践之外，也和淘宝或者"天猫"的庞大有关。如此众多的网上商品，难免挑花眼，而比较同类商品之间的折扣信息、性价比也同样是一个不太容易完成的任务。

于是，辅助购物的概念就从概念变成了商业，甚至成了一些创业者赚钱的媒介。这就是"一淘"的意义。

如同"阿里妈妈"那样，"一淘"也是一个可以快速转化的企业，可以将数量巨大的交易行为转化成具体的实际收入。虽然"一淘"的影响力可能还不及淘宝和"天猫"，但是它的潜在赚钱能力却远远超过了这两家基础公司。

经历了"大淘宝"时代的整合之后，庞然大物的淘宝一分为三，变成了三家各有侧重的公司，这其实并不是对于"大淘宝"的否定，而是在"大淘宝"带来的成功的基础上实现的重新整合。而在这一分为三的基础上，"阿里系"正在酝酿一场更为深刻的变革，这场变革将可能影响未来"阿里系"新的业态走向。

# 第三节　事业群模式

当一家企业逐渐进入成熟的阶段时，管理模式就开始与商业模式同样重要了。对于马云的阿里巴巴来说，到了2013年，经过了十几年的积淀和不断发展，阿里巴巴和淘宝的商业模式都更加清晰，整个阿里巴巴集团的发展方向也已经逐渐成熟。硕大的一个集团怎么管，用一个什么样的形式管，这就成了非常重要的问题。从2012年开始，一场针对阿里巴巴集团组织架构的探讨开始了。

## 内部架构调整——事业群大行其道

阿里巴巴、淘宝、"天猫"这些都是阿里巴巴集团最核心的品牌，同样，再次从淘宝独立出来的"阿里妈妈"，新建立的"阿里云"，第三方支付平台"支付宝"发展前景都良好。

但是这些企业应该怎么发展、怎么管理、怎么平衡，这些都需要思考。如果阿里巴巴是一个单纯的企业，那么最简单的管理框架就可以支持整个公司的发展了。可是阿里巴巴已经非常庞大了，多家公司平行发展，公司与公司之间甚至都会产生摩擦。新生的公司和传统的老成员之间的发展也可能存在隔阂。

对于阿里巴巴集团层面来说，它建立的每一个公司都是瞄准着某一方面的业务，希望通过某方面业务的拓展带来新的机会。于是，一种新的组织架构模式进入了阿里巴巴管理者的视野：事业群。

"事业群"管理模式是一种近年来比较流行的管理模式，世界上很多公司都按照这种方式设计公司的管理架构。这种管理架构有很多具体的表现形式，例如产品线、服务类别等。这种管理模式的好处是可以让管理者专注于某一个业务方面，增强管理的专业性。

对于面对一片新生市场的电子商务集团的阿里巴巴来说，每次创新带来的都是一个相对独立而又与其他几个产业有关的业务。而为了厘清复杂的合作和竞争的关系，选择使用"事业部"形式的管理架构似乎是一种很合理的结果。

2012年1月，淘宝分化出来的"淘宝商城"正式更名为"天猫"，实现了完全的"去淘宝"化，为未来的完全独立运营奠定了基础，而这也拉开了阿里巴巴事业群架构的开端。

2012年7月，阿里巴巴集团正式进行事业群分拆。分拆事业群基本延续了阿里巴巴集团原有的各子公司的基本架构，原来的阿里巴巴贸易网站变为了"阿里国际"和"阿里小企业"两个部分，分别针对包括外贸在内的海外市场和中小企业服务。而原有的"大淘宝"变成了"淘宝网"、"天猫"、"一淘"和"聚划算"，加上新设立的技术支持和开发性质的"阿里云"，整个阿里巴巴就从一个集团变成了企业事业群。

七个事业群的定位让整个阿里巴巴的管理架构和发展方向更加明确，尤其是淘宝的分拆让探索性质极强的淘宝发展思路更加明确，也让其覆盖的事业面更加宽泛。

不过七个事业群的模式毕竟只是将原有的七个子公司进行发展，还并不能称之为真正的事业群模式。在经过半年的过渡和分析之后，阿里巴巴将自身的产品线进行了进一步细化，最终形成了25个事业群的模式。

在阿里巴巴的事业群框架下，各个事业群的总裁或者总经理拥有极强的发言权。他们有权利对自己负责的事业群的发展进行调整。这样，25个事业群就形成了相互独立而又相互合作的组织框架，这样的框架在阿里巴巴这样一个集团的相对松散的背景下最大限度地发挥了各自事业群的积极性，有利于发掘集团潜力。

另外，事业部模式架构极大地解放了集团层面的行政管理职责，让集团更多地专注于战略方向。而对马云自己来说，这样的改革也是一种释放和解脱。经过十几年的奋斗，阿里巴巴集团已经拥有了自己的完整体系，即使没了当年的传奇创始人，阿里巴巴集团还是能照样开展业务。

## 马云退休——让位于年轻人

2013年3月11日，阿里巴巴集团成立14年以来，第一次对外宣布将更换CEO。而到5月10日，这个名叫陆兆禧的新人取代了马云坐上了阿里巴巴集团CEO的位置，而马云则将变成"董事会主席"这样的一个职位。

5月10日是淘宝成立十周年大会的时间。马云选择这样一个时间与陆兆禧进行交接似乎也有一点点深意。

在"阿里系"的架构中，淘宝代表了希望，代表了未来的无限潜能。这也许就是马云选择这样一个"淘宝十周年",而不是阿里巴巴十周年或者自己的某一个生日的原因。

如今的淘宝已经成了一种社会现象,无数的人依托淘宝养家糊口,依托淘宝经商致富,这也许就是马云当年梦想中的"改变商业形态"的具体表现。

2013年4月29日,在马云正式卸任CEO的11天前,阿里巴巴集团用了三十多亿人民币的代价购买了"新浪微博"的优先股和普通股,成了"新浪微博"拥有18%股权的股东。

"微博"代表了一种全新的生活方式,人们进入了"自媒体"时代,这种变化的影响可能不亚于任何一场电子商务革命的威力。有人曾经说"自媒体"时代可能是电子商务的末日,因为很难想象像淘宝这样的电子商务网站可以在手机上轻松登陆,也许这就是马云在自己卸任CEO之前,最后一件想为阿里巴巴,或者说想为淘宝做的一件事。

在这场交易之后,马云"退休了"。5月20日,马云正式从CEO的位置上走了下来,成了一名董事会主席。

什么是董事会主席?用很多成功人士的话来描述,就是"负责到处讲讲课,宣传一下企业文化的优秀老员工。"听起来似乎是一个非常享受生活和安逸的职位,可以让众多员工甚至社会大众对自己深加膜拜。

当然,在这方面马云有着丰富的经验,不仅仅是对着中国人,即使对着外国的投资者,美国人、日本人甚至素昧平生的西湖游览者,马云都能侃侃而谈。所以,在自己退休的当天,他给了所有关心自己的人一个演讲,"相信年轻人就是相信未来"。

"十年以前我们看到无数个伟大的公司,我们曾经也迷茫过,我们还有机会吗，但是十年坚持、执着，我们走到了今天，假如不是一个变化的时代，在座所有年轻人轮不到你们，工业时代是论资排辈。"①

就如同一些报道对马云的评价那样："他的退出是为了让'阿里巴巴'拥抱移动互联网"。当然，这句话可能说得也有点过时，在马云退休之前，他就用一笔三十多亿的投资让阿里巴巴和"新浪微博"联姻了，而这有点更像是另外一段话："这是一个变化的时代。还有人没搞清楚PC，移动互联网来了；还没搞清楚移动互联网，大数据来了。而变化的时代是年轻人的时代。"②

当然，任何人都知道马云的退休是"只退不休"，从他几次沉浮最后在杭州的住所中创建阿里巴巴的时候开始，创建一家"102年的企业"就是马云追求的目标。阿里巴巴的诞生在1999年，加上100年就是跨越了两个世纪，而再加上一年就是跨越三个世纪。

这也许就是互联网时代与"创建百年老店"的传统商业时代的最大不同，新一代的商人们的眼光更加开阔，他们着眼的是丰富的变化和更广泛的世界。创业时代的马云是那一代的年轻人，而如今，他已不再年轻。

即使倒退至2003年，那时中国正在遭遇"非典"，可是马云和他的团队却选择在这样一个商业不举的时间里开创新的商业模式，这本身就是一种改革。

可是今天的马云已经不再年轻，在他的时间周期中，互联网已经由PC时代到了移动互联网时代，而当他完成了移动互联网的布局

①　马云. 马云演讲节选［J］. 钱江晚报，2013-05-11.
②　马云. 马云演讲节选［J］. 钱江晚报，2013-05-11.

时，新的大数据时代已经开始改变世界的面貌了。

马云知道，自己需要时刻保持年轻才能跟上时代的更新。也正因为如此，更多的人觉得马云的退休更像是一场戏，做给别人或者自己看。与其说这是一次退休的离别，不如说这是给自己和别人一点提醒，尤其是提醒自己：我又再一次变得一无所有，我要重新开始。

而马云确实重新开始了。2013年5月28日，马云宣布了一个全新的计划"中国智能物流骨干网"。作为一个深受物流困扰的电子商务大佬，马云深知物流的潜力。而为了表达谦逊和自己重新上路的决心，马云给这个新生的计划取名为"菜鸟"。

## 第十章

# 马云和他的新畅想

马云有多大年龄？这是一个从外表看不出来的问题。不过一个类似这样级别的人物似乎总是有用不完的精力。马云这样一个互联网世界的教父级别人物自然也是如此，虽然从CEO的位置变成了董事会主席，但这并不意味着他的创业结束了，更不是他功成身退的最终结局。

马云的退休究竟代表了什么？这似乎又是一个难解的问题。在2013年5月10日淘宝成立十周年的大会上，马云正式宣布将CEO交接给新人的时候，所有人都觉得这样做的象征意义更加强烈。

中国已经迎来了交接班的时代，从联想到娃哈哈，最初的创业者们都在把自己手中的企业郑重地交给自己信任的下一代。老一代的掌舵者开始享受生活，新一代年轻人开始继承事业。

可是对于马云来说，退休似乎有些不同的意义。也许他也希望自己能够过上简单的生活，不过另一方面，他的退休似乎更想说明的是时代的交替。当他最后为淘宝完成移动互联网布局的那一刻结束，其实就已经宣告属于他的那些互联网发展的关键节点已经过去了，一个全新的电子商务时代将要来临。而这些新时代是属于拥有新鲜思维的年轻人的，相信他们就是相信未来。

作为一名电子商务事业的开荒者，马云自然也有很多难以割舍的东西。比如困扰了他很久的物流问题。当淘宝刚刚上线，就有人预言他没办法在中国建立起能够支撑电子商务的物流体系。可是这个问题并没有成为马云前行的绊脚石。

不过今天，当淘宝和"天猫"在中国人创造的"光棍节"里大爆发的时候，物流又再次成了刺痛他们的那根刺。堆积如山的快件，顾客的抱怨和缓慢的发货，伟大的电子商务平台变成了人神共愤的对象。

还有支付宝余额的问题。支付宝的出现解决了电子商务的支付问题，但是不发展的业务不是好业务。当支付宝日渐成为人们熟悉和喜欢的交易消费工具的时候，新的问题也接踵而来。比如，巨大的沉淀资金存放在支付宝里，却不能产生任何利息。

同样悬而未决的问题是阿里巴巴集团上市。这个拖了多年的问题直到今天还没有得到解决。淘宝这个巨大的电子商务平台还是那个当年的公司，还是那个没能和资本结缘的企业。不过所有人都知道，淘宝能赚钱，而马云也不可能一直守着它不上市。

什么时候上市，怎么上市，在哪里上市。马云需要给出答案，这个答案人们已经等了这么多年，大家都在期待马云新的智慧的闪光。

退休似乎并不是马云事业的终点，只是他重新起步的一个标志。退休也有着现实意义，意味着他选择放下已经日渐成熟的阿里巴巴和淘宝，甚至放弃新生的"天猫"和"一淘"。他选择重新开始，选择像一个一无所有的创业者那样开拓那些自己曾经希望涉足而最终还是在门外徘徊的领域。

就如同他给自己的物流公司所取的名字一样——"菜鸟"，他对于新的创业计划充满了敬畏，他觉得自己就是这个领域的新兵，他要时刻提醒自己就是一只"菜鸟"，所有的一切都要从头学起。他已经不是那个在电子商务领域风生水起的昔日老大，不是那个经历了无数大风大浪，带领着团队渡过一个个难关的富有经验的老水手，他只是一个有梦想却并不十分明确未来道路的新手。

这可能就是一个创业者的本色，即使当他退休的那一刻，也只是新的开始，他永远不会停息，他要一直向前走下去。

# 第一节　踩着"菜鸟"飞

马云的"阿里系"是一个专注于互联网的企业，但是仅仅是在互联网领域的成功似乎还不能保证在未来的电子商务竞争中占据优势，因为随着中国电子商务的发展，电子商务领域的竞争已经从网络世界延伸到了现实世界，甚至一定程度上，现实世界的竞争才是互联网企业竞赛的主战场。

## 面临"最后一公里"的难题

2012年11月11日，淘宝和刚刚独立不久的"天猫"在短短一天的时间里就创造了价值数百亿元的交易，这样庞大的销售收入在给淘宝与"天猫"带来无数破纪录的荣誉的同时，更是让人们对这两家一直以来口碑都还不错的电子商务网站产生了莫大的怨气。

因为与平时快速方便的购物体验不同，这次即使是同城或同省的订单都需要等上许多天才能见到货物。这并不是因为网络本身的问题，而是因为那些平时与淘宝关系密切的物流企业没有足够的能力在极短的时间里处理如此众多的交易。而这也让大量的快件不可避免地在仓库中大量堆积，因此而产生的产品毁损更是带给了购物者和卖家无尽的烦恼。

似乎这是一个所有与网络有关的行业都没法绕过的问题："最后一公里。"如何解决"最后一公里"的配送问题，这是电子商务必须解决的问题。

经过近几年的发展，电子商务的商业模式更加清晰，可以总结为生产商、虚拟网络、实体配送网络和顾客。对于生产商来说，无论做生意的模式是什么，他们都是商品的提供者，对于他们来说没有区别，而随着近十年的互联网创业者的不断探索，虚拟网络也越来越完善，可是实体配送网络却一直跟不上。

早在淘宝上线之初，竞争对手就声明马云解决不了物流问题。不过随着淘宝和其所代表的网络购物的刺激，中国的快递业务展现出了无法想象的高速发展。据测算，中国与电子商务相关的物流产业的潜在规模达到十万亿的水平。

物流问题如果得不到解决，电子商务的消费体验自然就会大打折扣；加之中国的物流业还有很大的发展空间，作为一个商业触觉敏锐的成功商人，马云自然不可能放过这样一个赚钱的机会。后来，马云就找到了一个伙伴一同探索物流行业，这个伙伴就是郭台铭。

2010年7月，马云联手郭台铭一起入股"星辰急便"。马云是由电子商务起家，而郭台铭也是物流门外汉，合作的结果可想而知。不久之后，"星辰急便"就关门歇业。而早在2010年3月，马云就曾独立投资过一家名为"百世物流"的企业，而在"星辰急便"倒闭的时候，"百世物流"已经蜕变为一家物流方案提供商，不仅由一家物流企业变成了一家半物流企业，更在某些领域成了马云的竞争对手。

直接投资和联手投资都没能成功，于是在2011年，马云启动了第二种进入物流的方案：联盟。2011年，淘宝决定与第三方物流商结成联盟，共同提供电子商务解决方案。2012年5月，以"天猫"为媒介，马云联合了包括邮政快递在内的九家物流商形成联盟。

经过联盟，马云更加坚定了自己对物流的看法，同时也坚定了自己改变物流现状、解决电子商务"最后一公里"的问题的决心。

## 进军物流业——联合行业巨头，创立"菜鸟网"

在马云的构想中，物流应该是电子商务和实体之间的连接部分，一个强大的物流网应该是强大的电子商务媒介的有效支撑。未来的电子商务应该远远发达于现状。一个理想的电子商务时代应该能极大地压缩商品流通的过程，解决商品和顾客之间的渠道问题，增强顾客购买商品的自由度。

未来的电子商务应该是这样一种形式：生产商生产了产品，把这些产品放在"天猫"或者淘宝上，顾客购买商品，强大的物流网络把这些商品送到顾客手中。如果这个设想实现，淘宝和"天猫"将成为非常重要的基础平台，而社会的交易成本将成倍地下降。

不过这样的设想应解决最基础的物流问题。也正因为如此，马云在2012年5月28日"天猫"和九大物流企业联盟的大会上宣布了一个让人觉得有点玄幻的计划，这个计划不仅有"中国智能物流骨干网"的古怪名字，还有"用10年时间以3000亿元撬动几十万亿物流基础设计"的宏伟目标。

在马云的宏大联盟中包含了顺丰、申通、圆通、韵达这几个目前国内主流的快递巨头。这几家已经在中国物流快递行业中占据绝对领导地位的公司加上马云自身所持有的淘宝、"天猫"的基础电子商务网络，基本代表了中国目前的电子商务领域的业态水平。

而对于马云来说，"革命性"是他建立这个联盟的初衷。对于已经在电子商务领域获得成功的马云来说，摆在进入物流领域面前的更重要的目标是建立能够配合快速发展的电子商务需求的物流体系，甚至是建立全新的物流标准。

在马云的设想中，借助这些中国最大的物流企业，马云需要建立一个能够在任何时候、任何地点之间都能实现24小时之内送达的快速物流网络。这个任何时候包括"双十一"那样的极端情况。

仓储物流是世界上很多一流企业成功的关键秘密。比如肯德基就建有区域性的物流配送中心，海底捞为了保证提供菜品的品质也在全国各地建立了一些仓储中心。而对于现代的电子商务企业来说，走自营仓储、自营物流也是提升经营品质的重要举措。比如中国电子商务领域的第二名京东商城，就是通过建立自营的物流和仓储网络保证了自身的配送质量。

不过从另一个角度来看，电子商务作为一种经营模式，本身的价值很大程度上体现在其剥离了现实领域的种种成本高却附加值低的环节，比如制作、配送，毕竟电子商务的核心是信息流和资金流的管理，而物流环节则应该是其他企业的天下。

不过既然决定了要进入物流解决自身发展的瓶颈，"菜鸟"自然还是必须中规中矩地解决物流的基本问题。

"菜鸟"的融资计划总共包括三期，总投资达到3000亿元，而仅仅第一期的注册资本，马云就向"菜鸟"注入了50亿元。这虽然和3000亿元的总规模相比还有极大的差距，但是却比马云成立阿里巴巴和淘宝时的投资大了许多倍，和掷下重金建设的支付宝相比也扩大了50倍之多。即使对于今天已经显得有点不缺钱的"阿里系"来说，这也是一笔不小的投资。

　　拿着大笔资金的"菜鸟"打开物流世界大门的第一步是建立仓储网络，这也是所有物流企业的基础。物流的速度一方面取决于路途运输，另一方面则取决于仓储的规模。假如在所有的潜在用户身边都有一个产品种类丰富的仓库，那么商品到达的时间自然很短。而随着中国公路网络越来越健全，仓库的辐射区也越来越广。如果"菜鸟"能够建立足够多的仓储设施，物流的速度也可能会更快。

　　于是，从"菜鸟"计划开始，它的CEO就开始在北京、广州等大城市，甚至在金华、海宁等区域性城市建立仓储设施。"菜鸟"的第一步计划包括十几个城市，不过重点将是精心挑选和论证过的八个主要城市，全面覆盖包括西北、西南等各个地区。也就是在最有效的地方设置最核心的仓储设施，最大范围地覆盖各个区域。

　　就如同马云对菜鸟的评价那样，"菜鸟"的名字很简单，很低调，但是这只鸟的梦想却很大。在"菜鸟"的计划中，仅仅在最初的五到八年的时间里就将支持多达一千万家新兴企业，提供一千万个就业岗位。而随着"菜鸟"的计划逐渐成真，中国的物流成本将可能降低1/3。

　　也许马云建立"菜鸟"的目标仅仅是建立更好的电子商务平台，也许马云看中的是中国庞大的物流市场，但是我们知道，"菜鸟"将开放的是一个巨大的市场，将带来的是一场物流领域的革命。虽然我们还不知道"菜鸟"究竟能不能高飞，但是至少，我们都愿意祝福它，因为如果"菜鸟"的这个梦想实现了，必将给我们未来的生活产生更大的积极影响。

# 第二节　备受争议的余额宝

从阿里巴巴到淘宝，马云的每一步都走得与众不同。为了解决网络交易的支付问题，马云和他的团队成功地让支付宝上线。而直到这个网络交易工具成了人们习以为常的交易手段的时候，规范它发展的法律法规才刚刚出台。到了2013年6月，一个新的网络支付的创新又再一次引起了讨论，这次的工具名称叫做"余额宝"。

## 余额宝——解决支付宝利息支付的难题

2013年6月13日，余额宝悄悄地上线了。之所以是"悄悄"地，是因为这一次的余额宝和当年的支付宝有点相同，同样是在没有任何监管法律的情况下上线的，只是这一次的余额宝的风险似乎更大，其间的法律和政策问题也更加复杂。

余额宝产品从功能定位上来说是非常简单的。随着网购人群的扩大和支付宝本身功能的扩展，支付宝中的余额越来越多。在银行系统中，即使再小的余额也会产生利息，按照这个逻辑，支付宝中存在的这些余额也应该产生利息。而余额宝的功能正是如此，只要你愿意在使用支付宝的时候多一步操作，把钱转入余额宝，就可以获得利息。当然，这只是从使用的角度去感受支付宝的一个结果，在实际操作中其实有着更复杂的过程。

存款付息，这是天经地义的事情，不过对于支付宝来说却没有这么简单。

作为第三方支付平台，支付宝的本质并不是类似银行的金融机构，因此也没有办法实现发放利息这样的功能。同样的，由于第三方支付平台的网络特性决定了这个平台存在很多资金监管上的困难和风险，如果打开支付宝的付息平台，实际上这个平台就有了一定的吸储功能，这是跨出银行监管体系之外的"银行系统"，风险很大。所以国家在制定第三方支付平台规则的时候，就规定了类似支付宝这样的平台是不允许发放利息的。或者说，第三方支付平台的功能仅限于人们的一个公共的交易"保险柜"，人们只是将钱放进去再取出来，没有任何增值行为。

这在最初是没有问题的。可是之后支付宝的发展让这个模式出了问题。随着充值功能的开通和交易流量增加，各种交易零头的系统留存等，支付宝本身的沉淀资金也越来越多，可能在某一个时点上的资金规模都达到上百亿元。这样一笔庞大的资金存于支付宝中，如果不产生利息，就可能造成新的不平衡。

可是法规是不可逾越的，而且巨大的付息压力也不可能由支付宝来承担，所以必须找到一种新的方式来解决这个问题，而马云想到的就是余额宝。

简单地说余额宝本质上是一个购买基金的平台。通过余额宝将支付宝中的沉淀资金转移到基金公司中，基金公司通过运作赚钱，赚到的钱返还给支付宝的顾客作为利息，这样就解决了支付宝付息的问题。

于是，马云选择了天宏基金，这家公司成立于2004年。截止2012年，这家基金共拥有90人的投资团队，管理基金九支，基金总规模一百亿左右，行业排名五十。

各方面来看，这家基金是一家中规中矩的基金公司，在行业内拥有一定的影响力，在基金构成中有一些比较稳健的货币基金、债券基金，这可能也是马云选中这家基金的原因。毕竟对于余额宝这样一个金融产品而言，资金的安全性是最重要的。至于收益，只要比银行的活期储蓄利率高就可以了。


## 余额宝的优势和特色

在余额宝的技术构架中，使用支付宝的顾客并不是直接获得收益，而是需要进行一个购买的动作，而这个动作实际上就是购买基金的过程。为了配合支付宝用户的基金特点，天宏基金为余额宝开发的基金具有起购点低，随时赎回的特征，最大限度地让顾客有一种获取利息的消费体验。

灵活地使用和利用沉淀资金的特点，让余额宝在上线后不到一周的时间里，用户数量就达到了累计一百万人的水平。

而一直计划面向移动互联网的马云在这种新业务推广的途中自然也不会放过集合新技术的机会。2013年7月1日，余额宝的手机客户端"支付宝钱包"也成功上线。

不过支付宝的影响力显然比银行理财大得多。一方面网购人群比理财产品的人群基础大得多，另一方面灵活低额的购买起点也是一个巨大的优势。

和当年推广支付宝不同，今天的银行必须承认支付宝和余额宝的巨大潜力，因此合作也就变得顺理成章。

在余额宝上线一开始，各家银行就展现出强大的积极性。这也给了余额宝更多的运作空间。余额宝的顾客在赎回与自己的基金相关的金额后会马上返回自己的银行卡中，甚至不需要经过支付宝。

当然，对于这种金融创新也并不是所有人都持完全肯定的态度，同样也有人担心其潜在的风险。

虽然对于顾客来说余额宝的用户体验非常便捷，但是本质上钱还是被购买了基金，属于一种投资行为。既然是投资性质就必然伴随着风险。无论是支付宝还是淘宝都很难确保能够让所有用户都理解这种投资风险的概念，这也带来了潜在的风险。如果基金公司受到冲击，很可能余额宝的用户会将注意力转移到支付宝甚至淘宝上，产生的影响可能不可控。

另一方面，对于基金公司来说，最难以抵御的风险就是流动性风险。余额宝随时支取的模式对基金公司带来的资金流的不可控是一个巨大的风险源，基金公司有没有足够的经验和资金基础来应对这种风险同样难以确认。

不过创新总是伴随着未知和风险，如果类似余额宝这样的快捷理财大规模地进入人们的生活，银行受到的冲击将会是显而易见的。在和支付宝合作后不到二十天时间，天宏基金就已经成了国内用户最多的基金。这样的巨大影响力如果移植到与银行收储相互竞争的位置，其产生的冲击力可想而知。

马云总是走在法规前面。在原有的第三方支付平台法规中，是禁止支付利息的。而建立在"非禁止即允许"逻辑上的第三方支付平台建设中，余额宝显然又是一个划时代的作品。可想而知，随之而来的监管法规必将在不久之后出现。

也许，相关的法规将逐渐出现。随着中国新一轮经济尤其是金融改革的推进，一些新的法规也逐渐开始深入到了第三方支付领域，比如允许第三方支付平台开展国际间的贸易结算，这不知道能不能算是阿里巴巴多年来对困扰自己的国际支付问题进行探索的一种结果。

看来退休并不是马云事业的终点，甚至都算不上是一个章节的休止符。即使在退休一个月的时间之后，他还是能够带来别人意想不到的东西。他总是能够将创新和现实结合到一起，大胆探索能够带来意想不到的收益。虽然对于马云来说，每一次创新都代表了一个新的机会，但是对于传统行业来说，这么一次新的机会都可能带来新的衰落。

新时代必将属于电子商务。当传统商业已经在电子商务的冲击下显露疲态的时候，传统金融行业也正在逐渐成为电子商务的下一个目标。余额宝可能就是第一个开端，如果马云真的打下了金融领域的制高点，他的下一个目标又是什么呢？

# 第十一章

# 帝国兴起

电子商务的崛起多少有点让人意外。仅仅在十年前，如果你说起网上购物，可能还只是属于少数人的一点业余消遣，而今天，电子商务已经成了一个普遍的话题。我们在买东西的时候已经不再是简单地思考"去哪一家店"买，而是要首先考虑网购还是去逛商场的问题。

一个商品的出厂价格可能很低，但是需要经过复杂的流通环节才能到我们的手中。在大城市寸土寸金的街头，一家商场的租金可能高得离谱，水电费、员工工资、补货费用，这些都要占用大量的流动资金。商家为了给自己一点"安全裕度"①，不得不让商品背上百分之几十甚至几百的利润。而电子商务和传统商业相比，这些压力会小很多。

也许网站建设很贵，也许软件开发很贵，但是都不过是一笔投资。如果我们把"双十一"十分之一的营业额用来建设基础网站，这个网站就会很成功。在消费者的价格感受端，除了这些租金之外，省去了流通的物品的本真价格更是让消费者大呼过瘾。

电子商务撬动了网络开店、物流甚至软件开发的人群就业，对于社会来说似乎也是好事。同样的，提高流通效率、降低消费成本，这些都是多方共赢的事情，所以也就难怪各界都对电商发展给

---

① 安全裕度，指在测量中总的不确定度的允许值。

予了如此众多的期待。

不过世界总是公平的，电商发展的另一面必然是传统商业的萎缩。于是，传统企业的利益减少、就业的缩减、零售业规则的破坏，这些都成了电商发展带来的"副产品"。

究竟发展电商带来的收益更大，还是电商的破坏性更强，也许这会成为一个历史问题。

世界的发展趋势是永恒向前的，电子商务作为一种有着明显优势的新型商业模式，它的发展似乎也并不会轻易回头。而为这种新型商业模式让路的传统零售企业也都自然会成为历史的一部分。

也许一句"牺牲是必要的"远远不能解决传统商业的生死存亡问题，电商的发展还需要更多的现实力量的支持。

# 第一节 "双十一"来了

11月11日，也即"双十一"，五年前你提起这个名字可能还只有一部分在校大学生了解它的含义，三年前可能也还是这批从校园走出的学生知道这个日子的特殊性。而今天，几乎所有人都知道，这一天，上网购物打折扣，甚至有些人都已经将这一天当作一个"购物节"来庆祝了。

## "双十一"的火爆

在经过了几千年文化变迁过程后形成的节日体系已经很少有变迁，我们似乎很难接受一个新节日的出现，尤其是一个商业文化催生下的产物，但是其实一些今天的节日就是来自于昔日一场商家的促销活动，比如"白色情人节"，当年其实只是日本一家叫做"石村万盛堂"的企业发起的以青年情侣互赠礼品为内涵的促销活动。

2012年，一家网站整理出了全国百货商店单日营业额过亿的名单。其中最风光的是上海第一八佰伴，在2010年12月31日的跨年

"血拼"①中，这家百货商店创造了单日销售5.56亿元的记录。紧随其后的第二名则比这个数字少了整整一半，丹尼斯百货郑州人民店在2012年11月16日的店庆中创造了2.67亿元的销售额。而沈阳兴隆大家庭在2012年8月28日则以超过1亿元的销售成绩入选了这份榜单的第八名，同样也是最后一个截止到2012年11月创造单日一亿元收入的百货商店。

那么互联网创造同样的销售额需要多长时间呢？答案可能是几分钟。

2013年，"双十一"抢购开始55秒，"天猫"、淘宝的交易额就达到了一亿元，相同的时间内，"天猫"涌入的顾客达到千万人次。

作为跨越地域的互联网企业，似乎取得这样的效果要比实体经济轻松得多。但是即使从全国范围来看，在一个深夜时段，在一个第二天绝大多数上班族还需要按时挤公交的时点上，全国所有的商场能够聚齐一千万的顾客就已经是一个非同小可的成功了。

2012年的"双十一"，支付宝交易额达到191亿元。而到了2013年，马云的团队用十三个小时零四分钟的时间打破了2012年的记录，整个销售数据直接踏过191亿元，而马云也说"双十一"300亿元完全不是问题。

2013年11月12日，"天猫"与淘宝双双对外宣布，当天两者的营业总额超过350亿元。支付宝当天承受的交易数量冲击达到了1.7亿笔。这似乎真正印证了经济学家们对于中国庞大消费市场的判断：每个人消费哪怕只有一百块钱，中国的市场体量都不得了。而

①　血拼，英文shopping的中文谐音。由于社会的发展，人们生活水平的提高，人们经常会逛街买很多东西，而花费很多金钱，故人们形象地将此行为称作"血拼"。

1.7亿笔还远没有达到人均一笔，可是即使如此，"阿里系"都轻松跨越300亿元大关。

## "双十一"面临的挑战

当然，有矛必有盾，在"双十一"狂揽销售额的"天猫"也有烦恼。

第一个烦恼就是电脑系统的问题。2013年，面对汹涌而至的消费流量，"天猫"的技术团队似乎比之前从容得多。面对央视的摄像机，"天猫"的发言人轻松说，他们为"双十一"准备了"三千多个预案"，这样雄厚的技术准备可谓充分。相比往年，似乎人们对于"双十一"的技术吐槽也少了很多。可是这并不代表"双十一"的各种技术完全过关。在全程跟踪的网络记者的眼中，客观上的评价是"购物页面很简单，支付却很难"。在"双十一"开始的55秒中，"支付宝"和"天猫"完成了一亿元的销售，而同时在外面等待的还有更多看着支付页面等待的消费者。

第二个烦恼是永恒不变的物流难题。2012年"双十一"，全国的物流处理单量达到了1700万件，而全国的物流几乎都被这沉重而甜蜜的负担压垮了。大量堆积的包裹和不间断的顾客投诉成了很长一段时间的"双十一"主题。在2013年"双十一"到来之前，甚至有调侃快递的广告大量曝光，"'双十一'，怎能用慢递？"成了对于快递很好的诠释。

2013年，对于马云来说，还是他的"菜鸟"物流成立后的第一次人生大考。而这次考试中，马云联合的13家快递企业都铆足了马力杀入350亿元销售额的大市场中。经过精心设计的物流网络开始产生了初步的价值，面对增加的物流单量，快递的速度比2012年有所提高，而顾客的投诉也减少了。

第三个烦脑是所有促销活动都绕不开的话题——"价格欺诈"。中国的商场中经常上演先提价后打折的故事，而这种故事也进入了网络世界。"双十一"过后，各种网络价格故事也开始铺天盖地的袭来。"某款手机'双十一'八折，但是'双十一'之前突击涨价500元……"类似的故事冲击着人们的神经，网络大促的真实性成了问题。

面对这样的行业话题，"天猫"也准备充分，配备了价格监测和举报系统，尽自己的最大可能解决人们的质疑。同时，对于进入"双十一"名单的商家，"天猫"也有自己的标准，必须价格足够优惠才有可能进入这个促销活动。当然，也有人经过比较之后发现"双十一"的苹果手机似乎比实体店的贵一些，不过这毕竟算不上"双十一"的先涨价再打折的恶性行为，最多也就是苹果的差异化政策而已。

技术的问题、社会支持系统的问题、口碑的问题，这些对"双十一"来说似乎都不是最大的问题，在他们的问题中，似乎更大的问题来自于购物者的构成。

"双十一"结束，淘宝的突然变化成了撬动人心的问题：刷卡开始收费，PC端也开始收费。

淘宝上线以来，人们似乎都已经非常习惯这个免费的平台了，似乎一切的项目都是免费的，开店是免费的，甚至在一些情况下，连运费都是免费的。而"双十一"结束了，人们突然发现，原来那些免费的消费突然变成收费项目了。刷卡除了特定的银行之外都要支付额外的手续费。更让人觉得担心的是曾经自由的网络购物变成收费项目，从PC端购物需要支付一笔最少0.5元的手续费，这让人们惊呼：多年免费的"阿里系"要全面收费了。

这似乎是一个必然的事情，毕竟淘宝要上市就不可能永远免费，不然很难对投资者有足够的交代。淘宝要解决上市的问题，就必须解决收费的问题，而从顾客端开刀似乎更符合淘宝汇聚天下商家的愿望。当然，这样分析也许是一种合理的解释，不过似乎还远没有触及问题的根本。

在总结2013年的"双十一"购物季时，除了庆祝自身再次刷新的销售额记录之外，"阿里系"一个明确的信息是当天通过手机端进行交易的客户明显偏少。这似乎并不符合"阿里系"的市场愿景。

手机移动端市场是未来的趋势，PC端必然萎缩。而面对着绝大多数的顾客都习惯蹲守在电脑面前争抢打折品的现实，马云似乎也必须下狠手把这些台式电脑前面的顾客都往手机端上赶才能化解未来竞争的风险。

细心的人也许会发现，在PC端收费的问题上，淘宝显然用了一种谨慎的表达：停止PC端消费限额内的免费政策，电子钱包依然免费。

原来淘宝的PC端并不是不收费，而是在一定限额内免费，这个限额可能无限大，没有人曾触发过这个限额，不过今天，这个政策终止了，PC端恢复收费，而不是开始收费。这似乎更能对淘宝的战略投资者一个交代：原来这些曾经的"赔本买卖"真的只是为了短期促销。

同样的，电子钱包对应的手机端免费和PC端收费相比，自然而然地把消费者向手机端驱赶，这可能才是淘宝收费战略最本质的目标。

# 第二节　创造消费时点

如今，"双十一"也成了一个像西方的感恩节或者圣诞节那样的购物节。"双十一"是一个商业活动，没有深厚的文化内涵，似乎也并不能够承载成为一个节日的厚重。可是在这个商业化浓重的"节日"背后，却也有着丰富的文化内涵。

## "双十一"的文化内涵

"双十一"，更熟悉的名称是"光棍节"，11月11日，因为有着四个连续的1而成了单身的象征。这种丰富的联想最初兴起于大学校园，当这些校园的学生走出学校，他们又成了这种校园文化的传播者，"光棍节"成了一种人们耳熟能详的符号。

这似乎都成了人们耳熟能详的内容，似乎说起来都有些多余。正是这种熟悉和耳熟能详的号召力说明了"双十一"丰富的社会层面的意识。

任何文化都是具有现实价值的，无论是韩国的泡菜还是美国炸鸡，当文化成为符号，就会变成世界都接受的价值载体。同样的，用商业的手段开发这种价值载体也能获得丰富的商业回报。

"双十一"能赚钱。今天，这是一个如同"光棍节"一样的所有人都知道的事实，可是如果把时间倒退到那个没有网络促销的时候，又有多少人知道"双十一"的商业价值呢？

细细分析，"双十一"和电商结缘也是必然的选择。

作为一种在大学生群体中产生的文化现象，"双十一"的受众是一群具有集中的消费需求、熟悉电脑、在学生时代就广泛接触并认可网上消费的人。这样集中的群体，是任何商人都梦寐以求的，他们可以用最小的投入就获得最大的收益。问题是在"双十一"出现之前没有人意识到这一点，没有人知道如何触发这种潜在的消费点。

今天，"双十一"已经成了一个人人皆知的促销节日，所有的电商都将自己看成是"双十一"天然的参与者。

如果说电商模式的突破是马云对于社会消费形态的一种创新，那么"双十一"就是让这种形式彻底走入人们日常生活的一种突破口。

敢想、敢干，还有时刻充满好奇，这些都是马云作为一个成功的企业家所拥有的特质。不断地探寻新事物，这是马云的习惯，虽然在某些时候也可能成为无奈的说辞。

## 打造企业文化氛围

2013年5月10日，在杭州西湖边上，马云和李连杰一起为一座太极禅苑开幕剪彩。在这座充满了神秘太极色彩的大宅子，有会议、餐饮等各种设施，而最独具特色的就是马云从河南陈家沟邀请来的"太极高手"。整个太极禅苑采用会员制，加入的会员们可以一起在这里学习太极，讲评禅道。当然，还有作为企业家最不能或缺的管理论坛。

"一个文化圈"，这是马云对这家"禅苑"的定位。聚集了一些人，谈论一些话题，交一些朋友，建一个圈子。不过在自己的家乡建一个"打太极的小公园"，这似乎也应该是一个退休了的高管应有的生活态度。

"太极禅苑"似乎也印证了马云对于超自然事件的态度和看法，"太极"本身就是一种充满神秘色彩的东西，而马云大兴土木，投入巨资去开发，这似乎也印证了他对于自己好奇性格的解读。

不管马云究竟在"太极"上有多少的好奇，也不管他在"太极"上有多少造诣，就如同他的一次次精彩表演一样，这次马云的太极禅苑也成功勾起了人们对于太极的兴趣。在太极禅苑开张第一天，一众社会名流进入禅院，一个家宅计划或者一个商业项目成了一个社会事件，人们也更愿意了解"太极"，甚至认识了原来在太极界赫赫有名的陈家沟。

陈家沟位于河南省焦作市，地处一座深沟之中。太极拳分为多种，其中"陈氏太极"据称就是发源于陈家沟。传说明朝时期，有一名叫做陈卜的人来到陈家沟，并在这里开创了太极拳，一些人甚至认为陈卜就是在这里参悟了太极阴阳而开创了整个太极拳体系。当然，这些都很难真正考证了，但是陈家沟在太极圈子里的地位确实是毋庸置疑的。

可是想一想，在马云创办太极禅苑之前，曾经有多少人知道这样一个太极圣地呢，除了电影中提到的地名，似乎大众和这里还是有一点距离。当马云与陈家沟产生了碰撞，当马云请来了陈家沟的武术大师，陈家沟的名字就如同一个偏远而又低调的小村庄游离在主流视线之外。

不论是有意还是碰巧产生的副产品，马云的创举又再一次让人们对于太极，对于太极文化有了更多的接触和了解。就如同马云把"光棍节"的文化带入了商业一样，太极文化也随着马云的高调宣传而成了新的流行——虽然太极已经非常流行了。

这也许才是一名成功的商人。曾经有一句商业竞争的顺口溜广为流传，"三流企业卖产品，二流企业卖品牌，一流企业卖标准"，也许在这些之间还可以加上一个"企业还能卖文化"。当一个企业或者一个企业家的一举一动都成了一种文化，那这个企业的影响力、号召力自然不言而喻。

就如同乔布斯开创了苹果的文化一样，马云也在用自己独有的魅力去开拓自己的文化领域。"光棍节"属于这个时代自封的"草根"文化的产物，而太极文化更是根植于中国最广大的平民之间。如果说乔布斯对于文化的推动表现在他让科技走下神坛成为服务于人的"科技玩物"，那么马云的成功就是让那些不起眼的平民文化成了一个时代的文化符号。当消费成为一种文化，当世界上所有人都知道"双十一"打折，那么中国的电商就征服了世界，这就是中国最强大的软实力的一部分。这更是一个伟大的商人所能创造的最伟大的价值。

# 第三节　马云的"大话"

　　2013年"双十一"，淘宝、"天猫"的交易总额高达350亿元，很容易让人们联想到2012年12月12日，在CCTV年度经济人物颁奖典礼现场，马云和万达集团董事长王健林的那个著名赌局——到2020年，如果电子商务在中国零售市场的份额占50%，王健林给马云一个亿，没有的话，马云给王健林一个亿。

　　王健林是商业地产的领军人物，代表的是实体店铺。作为电子商务的领军人物，马云代表的是电子商务，他坚持认为电子商务必然取代实体零售。两个商业大佬的较量，其实是传统商业和电商之间的比拼。

　　2013年"双十一"，马云迎来了一个"开门红"，预示着在和王健林的打赌中，抢得先机。

　　2013年"双十一"当天，再次谈到与王健林的打赌时，马云说了下面一段话："到2020年，如果王健林赢的话，那就是我们整个社会输了，是我们这代年轻人输了。如果说2020年房地产、商业地产依旧占领中国大半江山的话，说明我们的转型升级没有做好，说明我们这一代人的努力不如他们上一代人，所以我觉得我们必须赢，不管是不是我，我相信我们这一代年轻人一定会做得更好。①"

马云的这段话，值得所有人深思。电子商务会不会真的成为未来中国商业地产的颠覆者？一切皆有可能。

除了对房地产和商业地产的"炮轰"，从马云的这段话，我们还能够感受到他对市场以及市场规律的尊重，紧跟市场变化而变的经营法则，还有一份浓浓的"天下兴亡匹夫有责"的"忧国忧民"味道。

在创建阿里巴巴时，马云就自嘲"会忽悠"。如果大家留意，应该会发现，现在的马云越来越大胆，越来越敢说。

2013年"双十一"淘宝、"天猫"达到350亿元销售额之后，马云"口出狂言"："数字并不重要，我们希望这个（超300亿交易额）能够把商业地产的价格打下去，能够让房地产的价格更健康"②。

在房地产业当红的今天，这番看似淡定实则野心勃勃的言论一出，马上引来以任志强为首的地产大佬的调侃和反击。面对地产大佬的诘难，马云保持势在必得的态度淡然处之，不予回应。

在2013年"双十一"之前的10月份，马云在内部论坛中发布帖子，用移动通讯产品"来往""叫板"风头一时无两的微信。

马云的帖子一经曝光，外界纷纷质疑其"穷凶极恶"，担心他的举动是蚍蜉撼树。但是10年前成功挑战eBay的经历，让马云深信，没有什么是不能完成的，微信也并非想象中不可战胜。

① 陆玫. 支付宝昨日成交350.19亿元［N］. 东方早报，2013–11–12.
② 马云双十一的商业逻辑：让电商改变中国房地产市场［EB/OL］. Techweb. com.cn，2013–11–11.

马云刚刚"叫板"腾讯没多久，正当人们以为马云和马化腾势必水火不容时，没想到两人却又联手合作起来。2013年11月6日，由阿里巴巴、腾讯和中国平安三家公司联合成立的首家互联网保险公司——众安在线财产保险有限公司启动仪式上，马云、马化腾和马明哲"三马"同时亮相。

　　在活动现场，马云"冒天下之大不韪"，火力全开，又连番向两位合作伙伴发起"冲击"。

　　当主持人复星集团董事长郭广昌向马云征询"把企鹅打回南极"的言论时，马云的回答直截了当："微信业务为什么一定要是腾讯做呢？淘宝出了之后，腾讯也做过拍拍，他们也在挑战。如果移动通信领域只有一家，就会落后。也许我们成不了大器，但至少也要让微信不断创新，让用户可以慢慢交费，让用户有更好的体验，也是蛮好玩的事情。"①

　　在谈到马明哲的平安保险时，马云仍旧不甘示弱："我自己觉得，原则上你们那些传统保险公司干的活，我们都能干，只是什么时候干好而已。"②

　　每次马云讲话，必然是语不惊人死不休，总会让听到的人在为他担心的同时，质疑其话语的真实性。但是，当质疑和担心过后，我们冷静下来，再去细细体会，总会有一种耳目一新的感觉。马云每句看似大逆不道的话语背后，却总是道出了最客观、最真实的商业逻辑和社会责任感。

---

①　马文婷，牛颖惠："三马"同名首秀：马云称微信业务不一定非要腾讯做［N］.京华时报，2003-11-04.

②　马文婷，牛颖惠："三马"同名首秀：马云称微信业务不一定非要腾讯做［N］.京华时报，2003-11-04.

过分依赖房地产的经济状态不符合市场规律，原本就不靠谱；在任何行业，垄断都不是正常状态，微信虽然是移动通信行业中即时通信软件的"老大"，不表示就应该让它一支独大；任何企业、任何人只要在不触犯法律的情况下，都可以创业，并通过正当竞争力争第一，腾讯可以，淘宝也可以……

如果思维被禁锢，最真实的话语，反而听起来最刺耳；最正常的事情，也可能会视为反常。当苹果产品尚未推出，乔布斯满口"活着就是为了改变世界"的话语，是不是听起来也很刺耳，也很"牛气哄哄"？

马云和他的电子商务帝国，已经在改变着中国中小企业和民众的消费习惯。谁能肯定，马云现在的"大话"，在未来不能兑现呢？

# 第四节　挑战传统

　　"触动利益比触动人的灵魂还难。"这是人们对于改革艰难的表达。

　　一种自上而下的改革拥有强大的推动力，而来自商业自发的改革自然更加惨烈和艰难。这些改变有的时候被叫做改造，有的时候被叫做竞争，有的时候被称为替代，而还有的时候被称为淘汰。

　　新的商业模式终究会带来变革。1852年，当世界第一家百货大楼在法国巴黎开业，周边的店主们没有人觉得这个庞然大物会成功，可是现实有力地回敬了他们。

　　1852年，世界的商业模式比今天要简单得多。店主们开店，只经营特定的品类。如同今天的专卖店一样，在世界消费中心的巴黎大街上，一家家帽子店、服装店、鞋店、香水店鳞次栉比。每个店老板都醉心于自己的商品门类竞争中。

　　亚里斯泰德·布西科却不这么想，作为一名在巴黎这座城市渴望赚钱的商店老板，他最初也是将目标设定在了布料经营上。可是很快他就不再满足于现状，开始涉足女性饰品，随后就一发而不可收拾，商品门类越来越复杂，店铺也越来越大。一些商店老板开始都以一种隔岸观火的方式看着布西科的壮大，他们不能想象一个人会在一个如此复杂的大楼里逛上一天购买自己需要的东西。他们相信巴黎街道昂贵的租金最终将会压垮布西科。

后来的事实显而易见，铺天盖地的百货大楼成了随后一百多年零售业的主导，而专卖店们则成了市场上"有力的补充"。

这样的例子还有很多，比如时常达到一两个小时的彩色电影取代了短小的黑白电影，MP3（能播放音乐文件的播放器）最终让标榜"高品质音效"的CD（激光唱片、光盘）成了小众的奢侈品，而超市的出现也在极大的挤压着传统菜市场的生存空间。

电子商务无疑是一种新型的购物模式，可是人们愿不愿意放弃在商店里挑选商品的享受而止步于网络图片的筛选呢？电子商务领导者和传统行业领导者的意见似乎真的很难统一。

2013年"双十一"，无论是马云和他的电商团队，还是其他的电子商务领域的竞争者，都有大干一场的宏伟计划。"双十一"是一个一天的购物狂欢节，而有的电商甚至已经在开发延伸的周边购物节的计划了。

对于电商来说的狂欢必然给传统零售业带来冲击，甚至很多传统零售业巨头在自己的市场分析中都会着重说一下在"'双十一'的冲击下自己的企业依然能够获得巨大的盈利"。还有一些商家甚至在"双十一"的同时开展促销，和电商打擂台。

当然，真刀真枪的擂台战，传统零售商们自然吃亏，电商经营方式灵活，货款压力、水电等方面的支出要比传统零售商低很多，这些都是优势。当然，网站维护、软件开发的价格也自然不菲，可是在广大店家的支援之下，省去了中间流通环节的电商还是在价格上占尽优势。

传统的零售商也有自己的优势。在看不到实物的网络世界，

"货在手中"的实在感永远是电商给不了的。不过面对巨大的价格优势，消费者的选择总是充满了创造性，先在实体店里试穿试看，然后网上下单，这已经是很多网购老手的选择。

2013年"双十一"之前，有这样一则为"双十一"预热的电商广告：两个年轻女孩在商场中挑选鞋子，一个女孩看中了一双，问另一个女孩意见。另一个女孩说："不好看。"

"哪不好看？"

"过两天会更好看……"

于是两个女孩弃鞋而去，剩下店员气愤地把鞋塞回盒子里。而这个广告发布的时间正好是11月9日，距离"双十一"还有两天的时间。

广告很有生活气息，看着也非常真实，不过也透露出霸气和杀机，这似乎更像是一场宣战，更像是电子商务对于传统零售业的一纸挑战书。

突破传统当然不会一帆风顺。电商给了我们更加高效的购物环境，可能在一定程度上增加了更多就业，同样也带来了更多的社会消费，这对于我们这个迫切需要用消费解决众多问题的国家来说绝对是一件好事。

可是生意就这么多，在短时间内的疯狂消费必然带来下一阶段的消费减少。"双十一"之后的反思就有人说"每个月的网上消费额是一定的，只是把一个月的消费集中到了一天而已。"

这种说法是不是客观并没有数据来反映，不过确实是带来了一个问题，如果电商只是集中了消费而没有真正促进消费的增长，那么在社会消费不可能在一夜之间增长几倍的现实中，他们就得通过打击传统零售业来获得新的份额，这必然带来新的战争。

2013年"双十一"之前，中国家居行业流传着一个通知，要求卖场不得配合任何网上销售活动。这似乎可以看成是传统领域对电商挑战的回应。

家居是一个比较特殊的行业，开办一家家居商场需要投入不小的固定成本。随后家居商场往往会引进各个单独的店家来经营。或者说家居卖场更像是一个可以购物的大仓库，由店家支付租金。

和衣服箱包不同，家居用品没有实物作为支撑很难让消费者下定决心。而家居市场巨大的零售额也是电商觊觎已久的地方。不过鉴于没法突破真实感这道坎，电商还是没法分得蛋糕。不过2013年的"双十一"却不同，电商利用消费者的购物行为也开始尝试进入家居领域。

消费者在实体店里先试试看，然后再从网上下单。这可以很好地解决自己的问题。而对于店家来说，为了不失去难得的顾客，甚至有店家们主动提出：在我这里看货，在我的网店里下单，在我这里刷卡。

对于家居市场来说，对货款的集中控制是他们控制零售商们最重要的手段，当这都失去了的时候，对于他们的控制就会变得困难，家居商场组织的各类营销活动也会受到影响，并慢慢地影响整个家居市场的客户吸引力。这自然是不能接受的。于是就有了上述家居行业的通知。

这也许只是一个开始，在掌握着实体店的商家手中，他们最大的资源就是货物，也是他们能够抗衡电商最有效的优势。2013年的"双十一"是家居市场的集中反弹，未来的"双十一"会不会有其他市场的反弹呢？看起来电商的大势所趋也一定不会一帆风顺。一个新的帝国的崛起必然还伴随着各种各样的惊险故事。也许当我们年事已高，面对着桌面的3D打印机轻轻地说出自己对于产品的设想，就能拿到自己喜欢的衣服和设计。也许只有到了这个时候，电子商务才能真正地让逛商场变成一种纯粹的娱乐活动。

# 第十二章

## 漫漫上市路

究竟应该怎么上市，是坚持自己对于合伙人模式的执着还是委曲求全地上市，这对于站在资本十字路口的马云和他的阿里巴巴团队来说都是不小的诱惑。

1050亿美元的市值，这是高盛集团2013年对阿里巴巴集团市值的评估。这是一个双向的诱惑，一方面是这巨大的市值对香港证交所的诱惑，另一方面是对阿里巴巴的股东们的诱惑。

如果上市成功，香港股市将很有可能增加一个基础蓝筹股，而阿里巴巴的股东们也会拥有巨额的财富分成。当然，对于马云和阿里巴巴本身来说，上市也意味着将收回困扰了自己很多年的控制在雅虎手中的股权，获得发展物流的资金。

不过2013年10月，阿里巴巴的发言人正式宣布，阿里巴巴放弃了在香港上市的机会。对于资本世界来说，这不算是一个好消息。一个能够保值增值的优质公司放弃上市总会让资本市场有些唏嘘不已。

当然，放弃香港上市也并不代表着上市的大门就此关上，阿里巴巴还有众多的选择。

促使马云放弃登陆香港股市的重要原因是他所坚持的合伙人制度，或者说香港证交所无法接受"同股不同权"的股权结构。

可是世界上还有一些地方有这样的先河，比如美国股市。本身就存在和发展了一段时间的AB股模式[①]事实上就是马云苦苦追寻的"同股不同权"的上市方式。

当然，看上去触手可及的东西背后往往都蕴含着充满荆棘的道路。当年，马云为了保证支付宝能够在中国的监管法规正式实施的时候获得第三方支付牌照而采取的强硬股权转移措施，现在开始发酵并且成了阿里巴巴在美国上市不可避免的风险。

如同马云在创业历程中无数次经历的那样，如何选择总是充满了困惑。是继续坚持自己对于公司控制权的追求还是低下头接受上市的条件，这成了一个问题。

今天的阿里巴巴和集团重要的资产淘宝都已经超越了公司的范畴而成了一个基础的平台，他们所承担的功能不仅仅和阿里巴巴集团这一家公司有关，更和许多民众有关。

就如同马云所强调的，上市中马云需要对阿里巴巴集团2.2万名员工负责，而现在，他所需要承担的也许是更加巨大的责任。

---

① AB股，泛指一个企业设立两种股票，一类股票权利及收益较大，另一类较小。

# 第一节　香港上市又退市

2007年，阿里巴巴集团已经成了电子商务领域的一个巨无霸，B2B和C2C的全面发展，加上支付宝、阿里软件等专业化的辅助企业，阿里巴巴已经非常成功。但是如此一个企业界的翘楚却一直有一个悬而未决的问题：上市。

作为被投资市场热炒的概念之一，互联网曾经被几次当作投资概念受到追捧。可是在这几次热炒中，阿里巴巴集团都没有丝毫上市的消息，甚至连上市的意愿都没有。

这种不上市的坚持让马云和他的阿里巴巴躲过了21世纪初的那次互联网寒冬，不过这一次的成功还是让人们无法理解阿里巴巴集团的投资概念。

"我要那么多钱干什么？"这是第一次阿里巴巴上市热议中马云给出的答案。

确实，对于敢于拒绝投资的商人来说，马云在钱的问题上一贯是思维明确的。"只拿自己需要的"，这是一个商人建立稳健企业的基础。当阿里巴巴没有什么过多的资金需求的时候，盲目上市似乎并不是一个明智的选择。

可是到了淘宝上线之后，情况似乎有了不一样的变化。全面出击加上淘宝的免费战略让阿里巴巴的资金情况有了变化。

而这一次，马云回答外界关于阿里巴巴什么时候上市的问题时有了新的解释：市场还不够成熟。

在马云的判断中，阿里巴巴虽然看起来很赚钱，但是却远没有真正达到峰值。按照马云自己的话说，阿里巴巴的盈利"其实只是赚了一些零花钱"。

上市意味着把人们对于企业价值的判断货币化。这种判断的来源之一就是企业当前的盈利情况。而如果按照马云的话来说，选择上市，就意味着"贱卖"了企业。这其实是一种赔本的买卖。商人自然不能做赔本的买卖，所以阿里巴巴自然不会上市。

这时的马云对于不上市的解释其实已经有了根本性的变化，不上市不是因为不需要钱，而是因为卖价太低。

而到了2007年，阿里巴巴需要钱的趋势更加明显。由于淘宝的成功和强大的衍生能力，阿里巴巴的战略投资需求更加明显，对钱的需求也愈加旺盛。

不过当时阿里巴巴上市还是一个谜，因为还有一个麻烦的问题无法解决，那就是马云对于阿里巴巴控制权的看法。

上市必然意味着股权的丧失，进而带来马云对于阿里巴巴控制权的影响。毕竟，没有人真正知道经过融资之后的阿里巴巴究竟有多少控制在马云的手中，如果马云真的因为上市而稀释了股权，很有可能带来不可逆的危险。同样，稀释股权也可能影响后来的企业经营方式变革等问题。在阿里巴巴要不要上市成为一个金融话题的时候，一些人正是从这些角度去分析阿里巴巴上市的前景的。

## 2007年香港上市

不过，2007年7月6日阿里巴巴上市了，在香港证交所，以39.5港元的计算股价，马云的阿里巴巴实现了260倍的市盈率。这个数字是腾讯上市时市盈率的两倍多，甚至远远领先当年的中国互联网奇迹的百度在美国上市时的202倍。这不仅意味着阿里巴巴成了资本市场上规模最大的互联网企业，更是世界第二大的互联网公司。

在金融世界里，上市行为必须说明募集资金的用途，而在阿里巴巴的说明中，募集而来的资金将主要用在三个方面：收购其他公司、发展或购入可进一步完善公司技术平台的技术、联盟措施。

阿里巴巴上市募集得到的资金将主要用于投资，第一个投资方向是那些在未来可能具有巨大应用潜力，但是目前还没有实际研发出来的科技，或者说就是投资于新技术的研发。

第二个投资方向是阿里巴巴经营中遇到的需要解决的技术问题，这主要是指目前阿里巴巴集团并不拥有的技术。这些技术国内其他公司或者国际上的其他公司已经掌握，阿里巴巴将利用募集到的资金寻求对这些掌握技术的公司进行投资和控制。

第三个投资方向则是那些其他类似领域的公司的成熟技术。这些技术是其他公司已经广泛应用和取得了良好效果的技术。这些技术可能对目前的阿里巴巴并没有直接的推动作用，但是却可能对未来阿里巴巴的发展起到积极的推进作用。[①]

① 阿里巴巴集团.阿里巴巴招股说明书（全文），［EB/OL］.新浪科技，2007-10-23.

这三个投资方向非常明确，也延续了阿里巴巴发展的一贯风格。不过这之中也存在着一些更为复杂的内容。

阿里巴巴的股票进入交易平台，一路高歌猛进就成了理所当然的事情。

阿里巴巴的招股价格是13.5港币，11月6日，开盘价为30港币，当天收盘价达到39.5港币，而当天收盘前，最高涨至39.95港币。

这是一个最好的时代，也是一个最差的时代。没有人意识到——或者说那些没有抛售阿里巴巴股票的人没有意识到——大涨的背后已经埋下了苦果。

股价的上涨是自然的，股价的下跌也是自然的。11月30日之后，阿里巴巴股价开始下跌，有的人惊慌，有的人依然抱有期望——不过是正常的波动而已。

但是有的人想到了，有的人没有想到，想到的人留下的是遗憾，没想到的人留下的只能是眼泪。

事实上，从2007年11月30日股价冲击到39.7港币之后直到阿里巴巴从香港退市，它的股价也再也没有回到这个价格上。39.95港币是阿里巴巴香港上市历程中的最高点，也是唯一的最高点。

从2007年11月30日之后，阿里巴巴的股价一路下跌，虽然也在市场上有些起起伏伏，但是也都是在正常股市规律中的、乏善可陈的股价波动。2008年10月28日，阿里巴巴的股价甚至跌到了3.605港币，只相当于招股价格的1/4。

看似无法理喻，但是背后的逻辑，却是可以理解的。

看起来，阿里巴巴是一家成功的公司，网络业务开展得如火如荼。一家如此欣欣向荣的企业，一上市就创造了资本扩容1.9倍的企业，居然在不到一个月的时间就变得一蹶不振。没有丑闻的攻击，没有市场的变化，看起来，真是无法理喻。

实际上，阿里巴巴当年总共从新股上市中获得了30亿人民币的资金，相当于不到40亿港币。而到了2012年退市，阿里巴巴通过融资手段，累计从香港股市获得了不到120亿港币的资本。

注意，这是累计，是包含最初的40亿港币的，也就是说从最初上市的那一天开始，在后来的香港股市的日子里，阿里巴巴只挪用了香港股民不到80亿的资金。

## 2012年退出香港股市

2012年6月8日，阿里巴巴退市，当时的股价是13.44港币。当然股票回购还需要考虑各种各样的损耗问题，而对于阿里巴巴来说，这几年的香港股市运作也并不寂寞，增股、坚持旧股等，一系列操作下来，阿里巴巴在香港股市的股票总数也就不是当年的规模。

最终的结果，阿里巴巴用了将近200亿港币的代价完成了回购，实现了退市。

如果从起点看阿里巴巴卖股票赚了40亿港币，最后回购付出了200亿港币，代价为五倍。当然这样算是不对的，因为阿里巴巴还从股民手中借了80亿，最终的结论：阿里巴巴四年的时间里获得了120亿港币资金，最后用200亿港币买单，最后付出了80亿港币的代价。如果粗略算一下这120亿港币的年化利率，大概是17%（80亿港币除以120亿港币再除以四年的时间）。

这个数字大概不能再算是一个划算的买卖了，这么高的利息，阿里巴巴完全可以寻找更好的融资渠道，何况按照阿里巴巴的体量和发展规模，找个金主也并非难事。

阿里巴巴的上市和退市，实际上也是无法理喻。

但是众多不合理的现象之中，总会有一些内在的逻辑和原因。没有无缘无故的爱，也没有无缘无故的恨，更没有无缘无故的股价暴跌和退市。退市的原因就在当年阿里巴巴上市的资产内容。

阿里巴巴名气大，但并不是说阿里巴巴的所有企业都名气大。天猫强大，淘宝强大，但并不是所有阿里巴巴的资产都强大。

2007年，阿里巴巴在香港上市的部分是B2B业务，也就是阿里巴巴网的业务：各种批发商和零售商之间的交易平台的业务。

这部分业务当年是阿里巴巴的支柱与核心，但是这部分业务不可能永远是阿里巴巴的支柱与核心。事实上，这时的阿里巴巴最出名的业务已经是淘宝了。

不过刚开始上市的时候，香港的股民还不明就里，阿里巴巴的名气很大，发展很快，所有人都认定了它的发展会越来越快。

但是股民终究会醒悟，当经过了短暂的激动和兴奋之余，人们自然想明白了：原来阿里巴巴没有把最赚钱的资产拿出来上市，真正上市的其实就是一点类似"鸡肋"的东西。

后来的一些文章中分析阿里巴巴在香港退市的时候，把最大的原因定位为没有回馈股民，但是实际上，没有回馈是表象，真正的核心是阿里巴巴并没有把赚钱的业务用来上市。

这很能说明问题：没有把赚钱的业务用来上市，导致股民看不到未来的机会，导致股民出售股票，导致股价一蹶不振。

从股价方面，这个看似不可理喻的问题有了解释，那么从阿里巴巴的角度看呢？付出了这么高的代价来拿资金，究竟划算吗？

从马云一贯的精明作风来看，答案是肯定的：划算。

其实这也并不难理解，因为阿里巴巴上市的都是"鸡肋"的资产，用资本市场的话说就是低回报的资产，如果用直白的语言来说就是不值钱的资产。

用不值钱的资产去换取真金白银的资产，自然是换不到的，而上市却能让这个问题迎刃而解。不得不说，这是一个很好的选择。

但是有一句老话，"出来混是要还的"，阿里巴巴忽悠了香港市场，自然也要消除影响，更何况阿里巴巴那些真正赚钱的资产早晚还是要上市的，也许上市地点就要选择香港。即使不选择香港，市场上的这些"不良资产"毕竟也存在风险，万一发生了"劣币驱逐良币"的情况就得不偿失了。

于是阿里巴巴用了将近20%的代价回购了市场上的股票，飘飘然从香港股市退市而去。

当然，资本是具有多重属性的，其中一个重要的属性就是时点属性。虽然没有确凿证据，但是我们可以相信，阿里巴巴从香港股市借的这些钱中的一部分，流入了那些赚钱的资产当中，支持了他们的发展。如果和这些赚钱的产业带来的收益相比，阿里巴巴付出的这点代价实在是微不足道。

阿里巴巴盈利，投资者也不见得亏了，毕竟阿里巴巴给了17%的利息，只是不知道那些普通的股民作何感想。

2007年，阿里巴巴在香港上市了，2012年，阿里巴巴在香港退市了，上市的时候招股价为13.5港币，开盘价为30港币，退市的时候股价13.44港币。转了一圈，只是这一圈是螺旋式的上升，所以所有的人都相信，转这一圈的目的只是为了最后说一句：我又回来了！

# 第二节　合伙人制度挑战传统

马云究竟缺不缺钱，有的人将这当作一个笑话，而有的人却在认真地琢磨这个问题。虽然一边说着自己不急于上市，可是另一方面马云资金上的压力是实实在在的。

按照目前阿里巴巴的股权结构和总体规模，希望回购"雅虎"手中百分之十股权的阿里巴巴需要付出七十多亿美元的代价，这之中包括大笔的美元现金。这不能不说是一个巨大的压力。

同样的还有马云启动的"菜鸟"计划，多达数千亿的投资不可能轻松筹集，如果说阿里巴巴集团上市的目的真的是为了"生态系统"，那么最有可能的原因就是要投入巨资建设这个新的物流体系。

当然，这些都不是阿里巴巴价值的阻碍，在传出阿里巴巴上市消息不久，美国高盛集团在2013年就对阿里巴巴集团进行了估值，第一次估值的结果是阿里巴巴价值1000亿美元。随后高盛又调高了对阿里巴巴的评价，认为阿里巴巴的价值达到了1050亿美元。

如此高的数字也引起了资本界的质疑，不过无论质疑如何，阿里巴巴是一家优质的公司这一点是没有任何疑问的。

不过即使如此，马云还是坚持自己对于香港证券交易所的要求：必须能够接受金融创新。

阿里巴巴一直强调自己所选择的上市地点必须是一个允许资本创新的市场，这句话其实就是说上市地点必须接受所谓的合伙人制度。可是对于香港来说，是不是能够打开这样一个缺口，迎接这样一个可能让香港股市都为之疯狂的新股，不是一个那么容易的选择。

## 合伙人制度

合伙人制度和"AB股"或者多种股权架构非常相似，这种制度强调权利和股权并不对等。这种制度在美国的高科技企业上市的热潮中得到了极大的发展。

企业上市的原因主要还是需要钱。企业处在瓶颈期，处在发展期或需要大量资金来开拓市场的时期，但是这个时候企业没有钱，于是才会选择上市。不过上市存在风险。

理论上，出卖的股权越多，能够拿到的钱也就越多，可是同样的，卖出的股权越多，创始人对企业的控制能力就越少。甚至在一些情况下，精明的竞争对手和不友好的资本家会通过资本运作来控制公司。这是希望获得资金而又不希望失去对公司控制权的企业最不想要的结果。

这种矛盾在科技企业中最为麻烦，这些企业一方面需要大量资金支持自己的实验、创新或者市场开拓，这迫使他们必须出让更多的企业股权来获得足够的资金；而另一方面，如果企业的创始人不能有效地控制公司，即使获得了足够的资金，企业可能还是不能获得发展的机会。

为了解决这个矛盾，美国资本市场就发明了AB股制度。市场允许同一家公司拥有两种不同权利的股权，一种拥有对于企业的决策权、控制权，而另一种只拥有分享收益的权利。这样，出售股权的创始者就可以在充分保留自己对于企业的控制基础上募集大量资金了。

对于美国市场来说，这种制度有效地孵化了一大批科技型企业，当然，这种制度也有缺陷。

就如同所有变通的制度那样，所有这样的制度的另一面都是监管的问题和制度的风险。

AB股对于想要发展企业的老板和只想赚钱的投资者来说是一个很好的变通制度。可是在市场上，也有一些阴谋家的存在，AB股给了他们剥夺股东权利的机会，他们可能通过内幕交易、置换资产等方式借机套取投资者的权益，甚至制作一些空壳公司。在美国，可以通过一系列复杂的制度来防止这种事情的发生，可是香港似乎没有足够的准备来应对这些问题。在上百年的香港金融历史中，并没有类似制度的先河。

阿里巴巴希望香港人能够有一点变通的智慧，希望香港证交所的专家们能够接受自己提出的合伙人制度。而为了这个制度，阿里巴巴的股东"软银"甚至愿意通过法律文书的方式委托投票权给马云和他的合伙人们。


## 与香港证交所的再次交锋

马云和他的团队曾经几次和香港证交所的团队进行接触，反复游说他们接纳合伙人制度。在这种游说过程中，马云也开出了不少具有诱惑力的条件。香港证交所也曾经给予过阿里巴巴很多变通的条件，只是不能接受合伙人制度。甚至有消息说，只要马云放弃合伙人制度，阿里巴巴就可以立即在香港证交所挂牌。

香港人不愿意接受合伙人似乎也是情有可原，毕竟香港人没有任何关于合伙人制度的经验，而在近几年，各种资本市场的震动也确实让人们担心。这种模式事实上是将投资者捆绑起来任人宰割，有违市场经济谋求的平等权利。对于一个多年来努力建立了一个安全、稳定的资本市场的香港来说，如果因为合伙人制度的缺口而毁掉了市场的信誉恐怕得不偿失。

毕竟，合伙人制度如果开了先河，后面肯定还会有新的跟进者。如果所有的企业都想用这种方式进入香港股市，其带来的混乱可想而知。假如一个老板可以在出售全部股权或者只掌握万分之一股权的情况下依然控制公司，资本套现的行为将会变得更加普遍。对于一个资本自由港来说，香港没有能力阻止资本的流出，最后可能的结果是香港的众多企业股权是公众财产，可是这些掌握股权的人却没有资格控制公司。其潜在的威胁不言而喻。

早在创业之初，马云就对自己的团队说过，将来的公司高管将从外面聘请。2009年，当阿里巴巴集团进入到快速发展的轨道时，当年的18个创始人集体放弃了创始人的身份。2010年，阿里巴巴正式实行合伙人制度。

简单地说合伙人就是几个人共同成立企业，他们对于企业的发展肩负无限责任，和企业共进退。而马云挑选的合伙人都是在阿里巴巴供职超过5年的老员工。马云对这些合伙人的概念就是他们将会严格传承阿里巴巴的企业文化。

上市的基本准则是将企业交给市场，根据股份情况来决定谁是公司的实际控制者。而合伙人相当于已经圈定了企业的实际控制者，他们对企业的控制并不因为股份的变化而变化。这种方式在一些国家的证券法规中有一些规定，但是直到今天，在世界主要的金融中心都没有任何一家企业采用这种方式上市。

马云在谈到上市地点的时候明确表示：上市的地方必须允许创新。也许他的意思就是上市地需要能够接纳合伙人这种形式。

对于马云这种习惯了不走寻常路的人来说，这种选择也许轻而易举，但是对于资本市场来说，规则的改变则并不轻松。

在随后的坊间传闻中，港交所明确拒绝了马云的要求，并且提出实际的控制人必须持股30%以上。而在现实的阿里巴巴的股权结构中，"雅虎"占有了超过20%的股权，阿里巴巴的战略投资人"软银"拥有接近35%的股权，而以马云为代表的合伙人持有的股权总计只有10%。这显然达不到港交所的要求。即使上市之后回购10%的雅虎股权，马云和合伙人也不可能获得30%的股权，更何况回购股权是在成功上市之后，而且回购的股权也不可能全部注入合伙人的股权中。

软银在阿里巴巴发展的各个阶段总是给它最大的支持，这次也一样。作为阿里巴巴集团最大的股东，也是唯一一个实际上拥有超过30%股权的持有人，软银甚至突破规则，将自己手中的全部投票权委托给合伙人持有。这样，从公司治理的角度看，马云已经凑够了30%的投票权，但是30%股权的条件究竟能不能就这样变通还是一个未知数。

马云对于合伙人制度的迷恋其实也不难理解。作为持股数量本身就不多的合伙人们其实是最热爱自己的公司的，因为他们看着阿里巴巴的成长，与这家企业有着众多的感情联系。而如果不能坚持合伙人制度，阿里巴巴的控制权就可能易手。

这就如同中国众多的国货品牌一样。当众多的国际日化品牌疯狂进入中国市场时，传统国内品牌的顽强抵抗也给他们制造了很多困难。于是，并购成了他们控制市场的手段，通过资本运作来控制中国品牌，最后统一市场。一些市场营销学的专家将外国品牌对中国市场的这种战略称为"打得过就打，打不过就买。"

阿里巴巴是一家从中国发展起来并且有着巨大影响力的企业。更何况，阿里巴巴对于马云来说并不仅仅是一个赚钱的工具，更是他的梦想，轻易放手当然是不可能的。

主观上马云不愿意放手，客观上阿里巴巴又不太缺钱，这样的结果自然是马云和港交所的僵持不下。也许，这场争斗的最后会是马云的合伙人为香港股市带来一个新的可能，也许最终为了坚持自己的理想放弃上市。当然，阿里巴巴还有可能重新寻找上市地。不管结果如何，这都是一个让人期待的又一次马云智慧的闪光。

# 第三节　寻找新的上市地

经历了放弃香港上市的波折，阿里巴巴集团也不得不选择下一个可以接受他们的地方。那么下一步阿里巴巴的上市计划又是哪里呢？纽约、东京、巴黎还是新加坡？似乎美国是最好的选择，毕竟这里有类似的金融制度，也有完善的监管体系和自由的上市制度。

当年，在互联网寒冬到来之前，大批互联网企业谋求上市，可是马云却显得非常淡定，当时的阿里巴巴不缺钱，马云没必要以丧失股权为代价去上市融资。同样的，在接下来什么时候上市的问题上，马云也是一拖再拖，这个逻辑也许很简单：缺钱的时候上市，不缺钱的时候好好做企业。只有做好企业才是最终目的，上市只是手段而已。

可是即使如此，今天的阿里巴巴股权依然显得有点分散。在马云和他的合伙人手中的股份并不占优势。相反，初始投资人"软银"和"雅虎"则是占多数的股东。

阿里巴巴和"雅虎"都是当年"软银"投资的对象，也都是经历了"互联网寒冬"后留存下来的企业。在"软银"的帮助下，

"雅虎"通过一系列的股权操作变成了阿里巴巴的股东。而今天，在阿里巴巴集团内部，这三股力量如同三国一般相互影响。

马云为代表的一方虽然股权并不占优势，可是却实际控制着企业的决策权。而"雅虎"则在很多问题上和马云有着不同的意见，虽然这些意见基本不涉及经营和战略，只和利益有关，不过在支付宝事件[①] 中，这种分歧的影响就已经显而易见了。

在这两个力量进行争斗的时候，软银经常以一个调停人的身份出现，通过与两方沟通最终达成一致。当然，在大方向上，软银还是更倾向于马云一方，因为他们清楚，自己作为阿里巴巴和雅虎的投资人，看着他们两败俱伤是没有意义的，只有他们都发展得很好自己才有钱赚。而马云在阿里巴巴向前发展的过程中无疑发挥着更大的力量，关键时刻支持马云可以带来更好的收益。这在马云谋求合伙人上市时，软银放弃自己的投票权这件事上就能看得出来。

这种局面对于希望阿里巴巴能够朝着自己设想的方向发展的马云来说，显然不是理想状态，股权的分散，控制的不集中已经给他造成了很多麻烦了，尽快削弱雅虎对于阿里巴巴集团的控制非常重要。而对于软银来说，马云似乎还并不急于解决，毕竟一家专业的投资银行很懂得安分守己地收取自己应得的回报，而且在不能完全解决公司股权问题的情况下，有这样一个调停人非常重要。

在阐述上市问题时，阿里巴巴的发言人曾经说过阿里巴巴并不缺钱，上市募集资金最主要的目的是为了开拓业务。

这也许是真实情况的写照。因为阿里巴巴多年经营中确实没有

---

① 支付宝事件，指2011年6月中旬，阿里巴巴集团为了使支付宝顺利获取央行颁发的支付牌照，将支付宝的股权全部转让给马云控股的另一家中国公司，此举引发了雅虎高层的不满。

出现明显的财务吃紧的问题，不过从近几年的发展历程来看，阿里巴巴解决股权问题的诉求却非常强烈。如果从这个角度去看问题，阿里巴巴似乎是缺钱，而且是迫切地需要钱来解决问题。可是，马云坚持合伙人制度，坚持自己的企业理念。

今天，马云挑选合伙人的标准是必须在阿里巴巴工作五年以上，必须认同和坚持阿里巴巴的企业理念。

在很多语境中，企业理念是一个非常虚幻的词，甚至很多时候，我们并不真正知道一个企业的理念，但是对于一个企业创始人来说，这个词非常重要。

一个真正的创业者，在他创业开始的时候绝对不会仅仅以金钱为动力，他一定会有一些企业的设想和对未来的规划，如果他能坚持这种设想，就会变成一种企业家精神，是一种持续推动他自己甚至企业前进的力量。

任何创业者手中的企业对于他自己来说都绝不会仅仅是一种牟利的工具，对于他们来说，这些企业更像是自己的孩子，当他们已经拥有足够多的财富以后，企业的价值就不再是简单地创造多少财富，而是能不能实现自己最初的梦想。

企业家的这种执着和企业本身的盈利属性其实有一些相悖，尤其是投资理念制胜的今天，更多的投资者关注短期投资和数据报表，而对于战略、布局、架构却没有足够的关注，这是很多创业者都会担心的问题。马云也可能不例外。

钱对于创业者来说很重要，但是并不是唯一的追求，可是对于善于资本运作却并不一定懂得经营的投资者来说，钱却是唯一的指标。从马云对待投资、上市的看法和行为中可以看出他并不是一个将钱视为一切的老板，那么他自然也就不是那种只把金钱作为唯一指标的人，那么他心中一直保留着创业者的那种激情和诉求也就不难理解了。

阿里巴巴创办时间不长不短，十几年的历程可能还不足以说明这家企业未来一定会成为一家流传百年的企业。可是直到今天，阿里巴巴的快速发展和扩张并没有以牺牲稳定的基础为代价，至少目前还没有严重的事件发生影响阿里巴巴的生存。

一些创业者选择在这个阶段将企业出售，他们的方式可以有很多种，上市、出售或者直接交给自己的接班人。当他们从艰难的创业中冲杀出来的时候，休息一下也是理所当然的。不过马云显然不是这样的人，虽然他高调退休，虽然他强调自己已经脱离了电子商务领域，但是显然，无论他重组物流网络也好，还是开始倒腾阿里巴巴的股权也好，继续支持和关注电子商务发展的步伐从未停止。

面对这样一个前CEO，失去对公司控制权的上市条件显然是最不能接受的，或者说即使马云可以放弃对于公司的控制权，但是他也必须确保接替自己控制公司的人能够继续贯彻自己曾经的政策，能够坚持自己对于企业的设想。就如同他自己说的：谁控制企业没有关系，关键是这个人需要接受阿里巴巴的企业文化和目标。

这种对于企业目标的执着追求可能来自当年马云创业时对于企业的设计：办一家102年的企业。1999年成立的阿里巴巴，102年之后，将是22世纪，阿里巴巴也将成为一家跨越了三个世纪的公司。

这是一个企业家对于自己企业的期待，也是不容易改变的期待。当然，在今天，这种期待也许并不仅仅是交易中的期待，也可能还是一种具体的责任。

今天的阿里巴巴也许已经超越了企业的范畴，它拥有世界上用户最多的电子商务平台。通过这个平台，商人们的交易成本下降了，经营效率提高了。而借助淘宝这样的免费平台，许多人实现了创业、就业。假如阿里巴巴集团的控制权易手，平台的建设，免费或低价政策的维系是否还将继续，这可能影响到无数人的生计。

马云在谈到上市问题的时候曾说过，他必须对阿里巴巴集团2.2万名员工负责，而实际上，他所要负责的对象可能有更多，中国数以亿计的网购群体和百万计的淘宝店主都会因为马云的选择而遭受到影响。

钱很重要，但钱并不是唯一。一个真正坚持梦想的企业家是不可能将自己的梦想卖给资本的。这也许就是马云不愿意选择接受香港证交所上市条件的原因。

当然，阿里巴巴上市才刚刚开始，马云的抗争也才刚刚开始，世间的生意都是妥协和变通的结果，最终的结果还没有出现，我们还不知道马云和他的团队将引领阿里巴巴走上哪一条上市之路，但是无论如何，我们都会希望阿里巴巴的上市不会以改变它的初衷为代价。

## 整装待发——准备美国上市

2014年6月，阿里巴巴上市的消息又突然降临，似乎没头没尾，突然降落在了资本市场上，先是一些猜测和议论，认为阿里巴巴将在美国上市，随后就是阿里巴巴向美国证券监管机构提交IPO申请。这一切似乎来得非常突然，而又非常正常。

就如同前面所说的，马云之所以与香港股市博弈了这么久，最核心的就是希望香港能够接受自己的金融创新计划，也就是合伙人模式。但是香港方面认为这种方式严重违规，双方也因此一直悬而未决。而同时，另一个可能的选项美国市场就成为了阿里巴巴的备选项，而几天，这一切终于要有结果了。

6月16日，阿里巴巴向美国证监会正式递交了IPO申请，其中的合伙人被定为27人，这些人中有当年陪伴马云创业的"十八罗汉"，也有义无反顾放弃博士学位加入阿里巴巴的新生代领袖。还有香港前特首董建华，总之，这些人都是曾经决定过阿里巴巴命运或正在决定着阿里巴巴命运的人。

总之一句话，在合伙人这件事情上，马云赢了。2014年9月，阿里巴巴在美国成功上市。在马云的带领下，阿里巴巴的上市工作终于圆满完成。

# 后 记

马云代表了一个时代，这个时代充满变化和探索。互联网的发展给这个世界带来了很多种与过去不同的发展轨迹，而组成这些轨迹的就是一个又一个的探索者和他们伟大的成绩。

当他决定开始创建一个虚拟的网络交易平台的时候，就已经决定了他必将成为一个不同凡响的人。很多人都认为互联网必将和商业联姻，但只有他做到了。

当我们坐在电脑屏幕前，通过鼠标轻轻地点击我们喜爱的商品，通过第三方平台支付货款，然后静静等待打开包裹时的那种惊喜时，马云正在推动一场革命，这场革命将让商业的面貌产生巨大的变化。

我们已经渐渐习惯了网络购物的环境，可是有多少人还能想起当年马云创业时的那些故事呢？他如何同竞争对手决斗，如何同投资者们博弈。多少人在淘宝开店的时候又能意识到这样一个免费的平台背后有多少人在默默地付出。

我们应当忘记，因为互联网带来的商业革命就是为了让我们忘记过去繁琐的生活模式而进入一种虚拟和现实相互交替的美妙境界。所有的桎梏都应当随着互联网和电子商务的发展变得简单，这就是马云和他所代表的电商的实质。

一个时代终将过去，而在电子商务的世界里，一个时代的跨度显得更加迅速。几乎每年都是一个全新的节点。

当马云走过了互联网的开荒期、走过了互联网的发展期，当他准备为电子商务注入移动互联网的技术，当他准备拥抱大数据时代的来临……每一次，一个新的时代的来临都让他有了新的设计，每一个新的设计都让我们感受到技术对于生活的改变。

在互联网的世界里，商人的最大意义就在于让技术变成人们生活的一部分，让技术服务于人，虚拟世界如同一片尚未开发的土地，如何搭建这个世界，每个人都有自己的权利，可是只有那些能够看到未来的人才能在这片土地上开发出属于自己的伟大乐园。

互联网发展的速度并没有减慢，马云探索的脚步也没有停下。虽然从CEO的角色中退去，却依然坚守着自己的互联网畅想。这种坚守体现在他谋划新一代物联网的计划中，体现在新一代电子金融产品的开发中，更体现在自己对于合伙人制度的坚守中。

当互联网世界的聚光灯都打在香港这个地方的时候，对于目前为止只有一家拥有巨大影响力的互联网科技公司"腾讯"上市的香港来说，恐怕只有阿里巴巴的上市才能掀起如此巨大的影响。

香港是一个自由的地方，也是一个喜欢金融创新的地方，当阿里巴巴提出在这里上市的时候，马云一定经过了一个漫长时期的考虑。

阿里巴巴上市的路似乎比一般的公司上市都要更加复杂一点，因为大部分企业上市的诉求其实主要是获得更大的公司收益，以这个明确的标准去筛选上市的目标地，一切都显得明晰而简单。

即使需求更加复杂的公司，其实也不过是希望能够找到更多的人才、管理或者市场，扩大影响、扩大收益，这些都并不算难。可是对于阿里巴巴，诉求变得复杂，因为马云需要一个能够接受"金融创新"的地方，或者说需要一个能够接受"合伙人制度"的地方。

听起来这种诉求并不复杂，可实际上这却是在对整个金融系统提要求。

也许从提出这种要求的那一刻起，他就已经意识到其中的复杂和艰辛了，为了企业的发展，他还是需要如此地坚持。

2013年高调退休似乎并没有给他带来期待已久的宁静，反而有更多的难题等待他用自己的智慧去化解。

互联网是一个自由的世界，互联网的虚拟世界中有许多人们还没有踏足的地方等待着充满创新精神的探索者去开发。

可是虚拟世界并不能完全抛开现实世界的阻碍，虚拟世界的探索者同样需要遵循现实世界的规则。即使是马云这样的成功者也不得不面对现实世界的困扰。

打造一家102年的企业，听起来充满怪异的目标却蕴含着横跨三个世纪的雄心。一家百年企业尚且难以打造，一家横跨三个世纪的企业又谈何容易。而如今，这家企业已经成了众多人安身立命的依靠，在金钱之外，阿里巴巴和淘宝，马云最满意的这两个作品今天更成了一个公众的平台。

只有能够认同和传承阿里巴巴企业精神的人，马云才能放心地把企业交给他，这是马云对自己的一个承诺，更是对整个互联网世界的承诺。

# 附 录

## 马云大事年表

| 年份 | 事件 |
|------|------|
| 1984 | 马云被杭州师范学院破格录取 |
| 1988 | 马云毕业后留校成为了一名英语老师 |
| 1994 | 马云创办了海博翻译社。马云从自己的外国同事口中第一次听到了"互联网"这个概念 |
| 1995 | 马云作为杭州市政府派出的代表，前往美国进行项目谈判，并第一次有了完整的互联网创业计划，同年创办"中国黄页" |
| 1996 | 中国黄页年营业额达到700万元，马云第一次互联网创业成功 |
| 1997 | 马云参与外贸部（今合并入商务部）官方网站建设 |
| 1999 | 马云离开北京，返回杭州筹办阿里巴巴，同年10月，马云接受软银的2000万美元风险投资 |
| 2000 | 杭州阿里巴巴中国总部成立，同年马云登上《福布斯》杂志封面 |
| 2001 | 阿里巴巴开始战略收缩，孙正义作为阿里巴巴的战略顾问正式加入马云的智库团队 |
| 2002 | 阿里巴巴B2B事业开始正式盈利 |
| 2003 | 淘宝上线，阿里巴巴与易贝的互联网竞争开始 |
| 2004 | 支付宝上线 |
| 2005 | 收购雅虎 |
| 2006 | 整合"口碑网" |
| 2007 | "阿里妈妈"、阿里软件（上海）有限公司分别成立，阿里巴巴B2B业务在香港成功上市 |
| 2008 | 淘宝封锁外网搜索，阿里旺旺、淘宝商城、"一淘"分别上线运营 |

| 年份 | 事件 |
|------|------|
| 2009 | 口碑网与淘宝整合，"阿里云"计划启动 |
| 2010 | 雅虎邮箱整合到阿里云，淘宝尝试"双十一"营销并获得成功 |
| 2011 | "阿里云·OS"上线 |
| 2012 | "天猫"上线，阿里巴巴进行事业群分拆 |
| 2013 | 马云退休，"中国智能物流骨干网"计划启动，余额宝上线 |
| 2014 | 5月6日，阿里巴巴正式向美国证监会提交IPO申请，准备在美国上市。6月11日，阿里巴巴集团全资收购UC优视科技有限公司，并成立阿里UC移动事业群 |

# 参考书目

1. 赵建. 马云传［M］. 北京：中国画报出版社，2013.

2. 阿里巴巴集团. 马云内部讲话［M］. 北京：红旗出版社，2010.

3. 成杰. 永不放弃——马云给创业者的24堂课［M］. 北京：中国华侨出版社，2011.

4. 阿里巴巴集团. 马云内部讲话Ⅱ［M］. 北京：红旗出版社，2013.

5. 白山. 马云的人生哲学［M］. 北京：北京工业大学出版社，2011.

6. 陈伟. 这还是马云［M］. 杭州：浙江人民出版社，2013.

7. 张笑恒. 果断放下的马云［M］. 北京：台海出版社，2013.

8. 陈伟. 这才是马云［M］. 杭州：浙江人民出版社，2011.

9. 刘世英. 马云的坎［M］. 北京：中华工商联合出版社，2012.

10. 张刚. 马云十年［M］. 北京：中信出版社，2009.

11. 伊磊. 马云：我把梦想带回美国［N］. 长江商报，2009 –

03 – 14.

12. 新民周刊编辑部. 1999—2014影响力十五人：马云被天文数字包围［J］. 新民周刊，2014（1）.

13. 赵文锴. 马云创业真经［M］. 北京：中国经济出版社，2011.

14. 张刚. 马云十年［M］. 北京：中信出版社，2009.

15. 王宏宇. 马云之痛：支付宝VIE的罪与罚［J］. 南都周刊，2011（7）.

16. 阿里巴巴集团. 阿里巴巴招股说明书（全文）［EB/OL］. 新浪科技，2007 – 10 – 23.

17. 张丽华. 淘宝天猫年交易额突破10 000亿［N］. 杭州日报，2012 – 10 – 04.

18. 邱昌恒. 电子商务如何布局移动互联网［EB/OL］. 2011 – 11 – 04.

19. 叶恒珊. 淘宝每分钟卖4.8万件商品［N］. 今日晨报，2011 – 01 – 07.

20. 马云. 马云演讲节选［J］. 钱江晚报，2013 – 05 – 11.

21. 潘洁. 马云：阿里巴巴招股价可再高些，我们不缺钱［N］. 第一财经日报，2007 – 10 – 23.

22. 陆玫. 支付宝昨日成交350.19亿元［N］. 东方早报，2013 – 11 – 12.

23. 马云双十一的商业逻辑：让电商改变中国房地产市场［EB/OL］. Techweb.com.cn，2013 – 11 – 11.